상상력 이노베이터

창의·융합 역량으로 우리 사회의 이슈들을 논하다

상상력 이노베이터 교재편찬위원회 기획

이 지 영 엮음

김 은 경 | 한성대학교 상상력교양대학 소양 · 핵심교양학부 교수

문 경 덕 | 한성대학교 상상력교양대학 소양 · 핵심교양학부 강사

김 지 혜 | 한성대학교 상상력교양대학 소양 · 핵심교양학부 강사

이 지 영 | 한성대학교 상상력교양대학 소양 · 핵심교양학부 교수

홍 상 현 | 한성대학교 상상력교양대학 소양 · 핵심교양학부 교수

이 남 희 | 한성대학교 상상력교양대학 소양 · 핵심교양학부 강사

4차 산업혁명 시대, 『상상력 이노베이터』 수업 목표

혁명이란 "이전의 관습이나 제도, 방식 따위를 단번에 깨뜨리고 질적으로 새로운 것을 급격하게 세우는 일"을 말한다. 기존과는 완전히 다른 새로운 것이 급격하게 세워지는 혁명이 일어나게 된다면, 이것은 내가 살고 있는 사회 전반의 변화를 가져올 것이고, 이와 함께 나의 삶에 엄청난 영향력과 파급력을 가져올 것이다.

우리는 이러한 혁명의 시대에 살고 있다. 혁명의 시대 가운데에서도 우리는 지금 4차 혁명 시대를 살고 있다. 4차 혁명이라고 선언된 것은 2016년[1)]으로 그리 오래 되지 않았다. 하지만 우리의 교육 현장, 기업 현장, 미디어 등에서는 하루에도 몇 번씩 4차 혁명이라는 말을 들을 정도로 지금의 세상 또는 시대를 논하고자 한다면 4차 혁명 시대를 논하지 않고는 말을 시작하지 못할 정도로 우리의 삶에서 항상 논의되는 주제이다.

시대의 변화가 너무 빨라 앞으로 4차 혁명 시대를 넘어 5차 혁명, 6차 혁명 등 새로운 시대가 계속적으로 도래할지 모른다. 이렇게 빠르게 변화하는 시대 속에서는 우리는 어떠한 자세를 취해야 할까? 시대의 변화가 무엇이며, 어떻게 변화하고 있으며, 그때 내가 무엇을 해야 하는가를 알아야 할까? 아니면 어떠한 변화가 이루어지는지 명확하게 알지 못한 채 시대의 변화 속에 순응적으로 살아갈 것인가?

혁명적 시대 변화 속에서 우리가 왜 시대 변화를 알아야 하냐고 질문한다면, 아마 그것은 시대의 변화는 나와 무관한 것이 아니며 나에게 직접적인 영향을 미치기 때문일 것이다. 이전에 있던 직업이 없어지고 새로운 직업이 생기며, 이전에 있었던 산업이 없어지고 새로운 산업이 생기기도 하며, 이전에 약대국이 지금의 강대국이 되기도 하고 이전의 나의 기술은 사회적으로 인정받지 못하는 것이었으나 지금은 새로운 역량으로 인정받는 등 변화하는 이 시대에서 잘 적응하고, 대처하며 살아가기 위해서는 우리는 우리의 사회가 어디로 가며 그때 나는 어떻게 살아야 하는지를 알아야 할 필요가 있다. 이에 더하여 우리가 우리의 세상을 안다면, 지금 이 시대의 문제를 개선하고, 해결하고 그리고 창조하고, 설계하여 시대가 관성의 법칙에 의해 움직이지 않고 다른 시대로 방향을 바꾸고 변화하는데 기여하여 더 나은 세상을 만들 수 있기 때문이다.

---

1) Schwab, Klaus. "The Fourth Industrial Revolution: what it means, how to respond". 《World Economic Forum》. 2016년 12월 12일에 확인함

[상상력 이노베이터]는 이러한 사명과 목적을 가지고 탄생한 교과목이다. 미래의 주역이 될 대학생들이 4차 혁명 시대의 주인공이 되기 위해서는 지금의 우리 사회가 어떻게 변화하고 있으며, 우리의 사회, 문화, 예술, 과학 등의 여러 영역을 융합적 시각으로 명확하게 인식하고, 우리의 삶을 더 풍요롭게 하기 위해 우리가 거기에서 무엇을 어떻게 해야 할지에 대해 사고하고 여기에서 더 나아가 창의적 문제해결책을 제시하며 사회를 주도하는 상상력 이노베이터가 되는 것을 목적으로 기획되었다.

이를 바탕으로 다음과 같은 세부적인 학습목표를 수행하고자 한다.

- 4차 산업혁명 시대와 함께 이루어지고 있는 다양한 영역에서의 사회변화(경제, 경영, 문화, 엔터테인먼트, 과학기술 등)를 파악한다.
- 사회변화 속에서 알고 싶은, 파악하고 싶은 이슈를 발굴한다. 뉴스, 신문, 인터넷 등의 수많은 정보 속에서 지금의 트렌드를 읽어내고 발굴하는 역량을 배양한다. 특히 이 부분에서는 어떻게 이슈를 발굴할지에 대한 방법을 함께 살펴본다.
- 발굴한 이슈를 정치, 경제, 사회, 문화, 예술, 과학 등의 융합적인 시각으로 다각도의 관점에서 이슈를 논한다. 이는 원인분석으로 다양한 시각을 통해 원인을 분석하며 특히 객관적 자료 이용 방법, 인터뷰 방법, 사례조사 방법 등 다양한 연구방법을 제시하고자 한다.
- 마지막으로 학생들은 팀을 구성, 하나의 이슈를 선정하여, 주도적 집단지성을 통해 창의적 문제해결 과제를 이행한다.
  - 이를 위해 창의성의 필요성과 개념, 그리고 창의적 역량 향상 방법에 대한 창의적 문제해결력의 기초를 학습하게 되며
  - 사회, 문화, 정치, 경제, 과학 영역에서 창의적 문제해결을 이룩해낸 이노베이터를 선정하여 이들이 어떻게 문제를 해결했는지 사례분석을 통해 본받을 점을 학습하고
  - 발굴한 이슈에 대해서 집단지성을 활용하여 발산적, 수렴적 방법을 활용해 사회문제의 원인을 파악하고 창의융합적 해결방안을 제시한다.

상상력 이노베이터 수업 목표

상상력 이노베이터란 상상력을 발휘하여 미래의 사회에 대비하는 융합적 문제해결 역량을 갖춘 인재를 말한다. 본 수업에서는 1) 우리 사회에 혼재되어 있는 문화, 정치, 경제, 교육 등의 여러 분야에서 이슈와 문제들을 발굴하여, 2) 이들에 대한 다각도의 원인 분석 및 비판적 사고를 통해 3) 문제해결적 관점을 제시함으로써 창의융합 역량을 함양하는데 도움을 주고자 한다.

상상력 이노베이터 편집위원회를 대신하여 이지영 씀

차 례

PART I

4차 산업혁명 시대, 지금 우리 사회는 어디로 가고 있는가?

PART I 4차 산업혁명 시대, 지금 우리 사회는 어디로 가고 있는가?

1 산업혁명과 사회변화

산업 기술의 혁명은 사회 전반과 개인의 삶에 지대한 영향을 미친다. 4차 산업혁명 시대와 그에 따른 사회변화를 알아보기 이전에 지금까지 이루어진 산업혁명의 발전사를 통해 기술혁명이 우리의 삶에 어떠한 영향을 미쳤는지를 알아보고자 한다.

산업혁명이라는 용어는 영국의 역사학자 토인비가 「18세기 영국 산업혁명 강의」에서 산업혁명을 언급하면서 널리 사용되었다. 산업혁명의 전개 단계는 경제·사회 구조의 변혁을 촉진한 핵심 발명품의 등장 시기를 기준으로 나뉘나 핵심 발명품이 단순히 등장한 시점이 아닌 보급되는 시점으로 나누는 것이 보통이다.

▪ 연도	1784년	1870년	1969년
▪ 주도 국가	영국	독일, 미국	미국, 일본
▪ 핵심 발명품	증기 기관, 방적기	전기, 전동기(모터)	컴퓨터, 반도체
▪ 핵심 산업	면방직 산업	자동차, 중화학, 철강	인터넷, 컴퓨터, 반도체
▪ 경제 구조의 변화	- 공업 중심의 경제로 전환 - 지속적인 경제 성장으로 진입	- 대기업 중심의 경제 성장 - 후발 공업국의 산업화	- 벤처 기업이 혁신의 주체로 등장 - 세계 경제의 글로벌화
▪ 사회 구조의 변화	- 노동자 계급의 성장 - 자유 민주주의 체계 형성	- 자본가의 영향력 증대 - 기술 의존도 심화	- 생활 편의 향상 - 신지식인 그룹 등장
	 1차 산업혁명	 2차 산업혁명	 3차 산업혁명

[그림 1] 1~3차 산업혁명의 주요 내용

4차 산업혁명이 등장하기 전까지 총 3차례의 산업혁명이 발생하였다. 1차 산업혁명은 증기 기관을 기반으로 한 기계화 혁명, 2차 산업혁명은 전기를 기반으로 한 대량 생산 혁명, 3차 산업혁명은 컴퓨터를 기반으로 한 지식정보 혁명이다. [그림 1]에서는 1차 산업혁명에서부터 3차 산업혁명까지의 주도국가, 핵심발명품, 핵심산업, 경제 구조의 변화 및 사회 구조의 변화를 제시하고 있다. 산업혁명 자체를 소개하는 책은 4차 산업혁명이 주목을 받은 이후 이전에 비해 더욱 더 많이 소개되고 있으며, 이에 대한 참고문헌은 본장의 참고문헌을 참고할 수 있다. 본 수업의 목적은 사회이슈와 변화가 우리의 삶에 어떠한 영향을 미치는지를 살펴보는 것으로 산업혁명을 살펴볼 때도 이것이 가져온 사회변화, 삶의 변화에 초점을 맞춰 생각해보면 좋을 것이다.

가. 1차 산업혁명과 사회변화

1차 산업혁명은 농업중심 산업에서 공업중심 산업으로의 변화를 가져온 기술혁명이다. 1차 산업혁명은 1760년대 영국에서 일어난 증기기관과 방직기라는 기계의 발명으로 대표되는 기계혁명이다. 우리는 일반적으로 제임스 와트의 증기 기관이라고 알고 있지만 엄밀히 말하면 제임스 와트는 응축기를 부착하여 효율을 높였으며, 1769년 증기기관 특허권을 획득한 사람이라고 하는 것이 더 정확할 것이다. [한 권으로 정리하는 4차 산업혁명]의 저자 최진기는 고대 그리스 수학자 헤론(Heron)에 의해 증기기관이 최초로 고안되었지만 1차 산업혁명의 출발을 제임스 와트로 보는 이유는 증기기관이 다양한 산업 현장에 보급되고 이것이 사회적 변화에 영향을 줄만큼 보급되었다고 말하고 있다. 최진기(2018)는 1차 산업혁명이 이전의 시대와 질적으로 변화된 혁명이라는 용어가 붙은 이유는 1차 산업혁명 기간의 120년동안 경제규모를 두 배로 키우며 그전의 시대에 비해 (예수 탄생 당시~1600년도까지 GDP가 2배) 생산성이 비약적으로 높아졌기 때문이라 말하고 있다.

하지만 이러한 1차 산업혁명은 그 당시에도 많은 사회적 문제를 야기한다고 비판을 받았는데 산업혁명이라는 용어를 처음 언급한 토인비(Toynbee)는 영국의 지도층은 영국이 겪고 있는 문제에 대해서 치유하고 앞장서야 한다고 주장하였다. 인클로저 운동[2)]으로 인해 대규모의 토지를 소유한 영주들은 막대한 부를 축적하면서 도시에서 공장을 경영하는 새로운

2) 산업혁명 시점이 이루어진 2차 인클로저 운동은 1차 때와는 달리 대농장의 경영으로 인한 것으로, 곡물 가격이 오르자 자본가가 소농민의 토지를 흡수하여 대농장을 경영함으로써 농업의 자본주의 경영이 이루어지자 농민들은 토지를 이탈하여 도시의 임금 노동자로 흡수된 것을 말한다.

공장주로 자리매김한다. 토지에서 이탈한 농민들은 산업화가 가속화됨에 따라 값싼 노동력을 제공하는 근로자로 전락하게 되면서 부의 격차가 심해지기 시작하였다. 농업에 기계가 도입되면서 식량 생산은 증가하였으나 일손이 줄어들고 소작농이 몰락하고 생계기반을 잃은 사람들은 공장으로 찾아오고 이는 도시화를 더욱 가속화시켰다. 도시의 증가로 인해 물가는 오르지만 오르는 물가만큼 노동자의 인건비는 넉넉치 않아 빈곤층이 크게 증가하게 되었다.

빈부의 격차는 갈수록 커지는 사회문제, 열악한 환경에 노출된 노동자들의 인권의 문제, 어린아이까지 노동의 현장으로 내몰리는 문제 등 비약적인 생산성과 기술발전 뒤에 이전에는 부각되지 않았던 새로운 사회문제들이 나타나게 되었다. 발전 뒤에 존재하는 사회적 문제는 비단 1차 산업혁명 때만 그러한 것이 아니며, 지금 우리가 살고 있는 세상도 동일한 원리가 적용되고 있을 것이다.

사회적 문제는 문학작품을 통해 반영되어 나타나기도 하는데, 영국의 산업화를 신랄하게 나타낸 대표적인 작품으로 [올리버 트위스트]가 있다. 올리버 트위스트는 영국의 작가 찰스 디킨스의 장편소설로 19세기 영국 런던의 뒷골목을 배경으로 전개된다. 주인공 올리버 트위스트는 빈민 구제소에서 태어난다. 아버지는 누구인지 모르고, 어머니는 그를 낳고 바로 숨을 거둔다. 천애의 고아가 된 올리버는 빈민 구제소에서 조금 떨어진 고아원으로 보내져 자라나게 되며, 갖은 어려움 속에서 파란만장한 인생여정을 겪으며 살아간다. 찰스 디킨스는 올리버 트위스트를 통해 영국 사회의 불평등한 계층화와 산업화의 폐해를 날카롭게 비판했다. 디킨스 특유의 생생한 인물 묘사와 예리한 시대비판 정신으로 대중의 큰 사랑을 받은 작품이다.

나. 2차 산업혁명와 사회변화

2차 산업혁명은 1차 산업혁명이 더욱 확산되고 가속화되고 대중화된 산업혁명이라 말할 수 있다. 이 기간에는 영국 외에도 독일, 미국의 공업 생산력이 올라 왔기 때문에 영국과의 상대적인 개념으로 이들 국가의 기술 혁신을 강조할 때 특히 사용된다. 이 시대에는 화학, 전기, 석유 및 철강 분야에서 기술 혁신이 진행되었다. 소비재를 대량 생산하는 구조적 측면의 발전도 있었고, 식료품 및 음료, 의류 등의 제조 기계와 더불어 가공, 운송 수단의 혁신, 심지어 오락 분야에서도 영화, 라디오와 축음기가 개발되어 대중의 요구에 부응했을 뿐만 아니라 고용의 측면에서도 크게 기여했다.

2차 산업혁명에서 가장 핵심적인 발명품은 석유와 전기의 혁명이라 할 수 있다. 석유의 자원과 전기의 효율성이 만나 컨베이어벨트라는 대량생산 체계의 효율성을 극대화할 수 있는 시스템을 구축할 수 있었는데 가장 대표적인 사람으로 헨리 포드의 T자동차가 있다. 어떻게 헨리 포드가 컨베이어벨트를 자동차에 적용하게 되었을까? 이것의 시작은 19세기 미국의 육류포장산업에서 기원하였는데, 당시 육류포장 공장들에서는 한 노동자에서 다음 노동자에게로 고깃덩어리를 옮겨주기 위해 트롤리(trolley)를 이용하고 있었다.

[그림 2] 포드사 T모델이 만들어지는 컨베이어벨트

이러한 트롤리들이 체인에 연결되고 동력을 이용해 노동자들에게 고깃덩어리를 일정한 속도로 옮겨 주기 시작하면서 진정한 의미의 조립라인이 생겨났다. 노동자들이 고정된 위치에서 기계가 지시하는 속도에 맞추어 작업했기 때문에 불필요한 움직임이 최소화되었으며 놀라울 정도로 생산성이 높아졌다. 육류포장산업의 작업방식에 주의를 기울이던 미국의 자동차제조업자 헨리 포드는 1913년 조립라인을 도입했다. 포드가 도입한 방식에 의해 생산시간이 줄어들었을 뿐만 아니라 자동차 1대당 가격이 크게 낮아졌기 때문에 노동자들까지 자동차를 이용할 수 있게 되었다. 포드가 이룩한 성과에 의해 그의 경쟁자나 자동차 부품업자 모두가 그의 기술을 이용하자 조립라인 방식은 단순한 제조업을 넘어 식료품, 음료, 기계, 부품 등의 미국 대부분의 산업에 파급되었다. 1차 산업 혁명이 "공장의 기계화"라면 2차 산업 혁명은 다양한 제품으로 대량화가 이루어짐에 따라 "생활의 기계화"라 할 수 있다. 식품, 음료, 의료, 전자제품 등도 대량화 되면서 이는 대량 생산과 함께 대량 소비시대가 이루어지게 된다.

포드주의적 생산방식은 대중사회라는 사회구조를 만들어 내는데 영향을 미치고 대중사회는 물질적 풍요 이후 정신적 풍요를 원하게 되었고, 이것은 대중매체의 발전과 함께 새로운 문화를 만들어 내게 되었다. 제2차 산업혁명은 상당수의 뉴도시 노동자가 공장 노동자로 전환되었고, 실업이 일상화되고 저임금 노동력 문제 역시 존재하고 있었으나 경영과 관리의 중요성이 확대되면서 화이트 칼라의 수가 현저하게 증가하였다. 이것은 노동자의 인권과 작업환경 개선에 대한 목소리를 높이게 함으로써 노동조합에 참여하고 권리를 주장하는 사람들의 숫자 또한 늘어나게 되었다.

2차 산업혁명을 한마디로 말한다면 산업화, 대량 생산, 공장화로 인한 성장을 완성했다고 볼 수 있다.

다. 3차 산업혁명와 사회변화

산업혁명의 시기를 어떻게 규정할 것인가에 대해서도 학자마다 조금씩 다른 이견이 존재하지만 3차 산업혁명의 시기와 특징을 어떻게 규정할 것인가에 대해 컴퓨터, 정보화 혁명의 시대라는 점에 대해서는 대부분 동의하고 있다. 3차 산업혁명의 개념을 제시한 사람은 바로 앨빈 토플러로 그는 그의 책 [제3의 물결]에서 정보화 혁명을 언급하며 컴퓨터와 인터넷의 등장과 그에 따른 혁명을 언급했다. 지금 우리는 2016년 현대 4차 산업혁명을 이야기하고 있지만 사실 3차 산업혁명 또한 그리 오래된 시점이 아닐 수 있다. 우리나라의 경우, 하이텔, 나우누리, 천리안과 같은 PC 통신이 발전된 것이 1990년대이며, 우리가 잘 알고 있는 포탈 사이트 네이버도 1999년도에 창립되었다는 것을 본다면 3차 산업혁명은 그리 오래전 이야기가 아닐 수 있다.

이러한 점들을 비롯하여 3차 산업혁명과 관련해서는 여러 가지 이야기가 논의되고 있는데 한 가지 논의로는 "컴퓨터와 인터넷이 우리의 삶에 어떠한 영향을 미쳤는가?"라는 질문이다. [한 권으로 정리하는 4차 산업혁명]의 저자 최진기(2018)는 3차 산업혁명은 그 전에 있었던 1차와 2차 산업혁명에 비해 생산성 향상 측면에서 큰 성장을 이루지 못했다는 의견이 있음을 언급하며, 진정 3차 산업혁명이 변화를 가져왔는가에 대해 질문을 던졌다. 또한 3차 산업혁명은 4차 산업혁명과의 연결성에 대해서는 의문을 제기하는데 즉, 4차 산업혁명이 과연 산업혁명인가라는 의문이다. 혹자들에 따르면 3차 산업혁명의 컴퓨터, 인터넷 혁명의 확장이 4차 산업혁명이며, 과연 3차 산업혁명과 4차 산업혁명이 무엇이 다른 것인가에 대해서도 의문을 제기하기도 한다.

이들 질문에 대해 여러분은 어떻게 생각하는가? 컴퓨터와 인터넷이 우리 삶에 미치는 영향이 상당하다고 생각하는가? 그렇지 않다고 생각하는가?

생각해보기

케임브리지 대학교 경제학부 장하준 교수는 그의 책 『사다리 걷어차기』에서 "컴퓨터는 세탁기만큼도 세상을 변화시키지 못했다"라고 언급하였다. 여러분은 이 의견에 대해서 어떻게 생각하는가? 동의하는가? 그렇지 않은가? 그 이유에 대해서 생각해보자.

2 4차 산업혁명과 사회변화

교육, 산업, 광고, 언론, 정치 등 거의 모든 영역에서 유행처럼 언급되고 있는 4차 산업혁명은 클라우드 슈밥이 2016년 1월에 세계경제포럼인 다보스포럼에서 언급하면서 시작되었다고 알려져 있다. 이를 좀 더 정확히 말하자면, 그는 다보스포럼 기조연설에서 독일의 '산업 4.0' 프로젝트를 언급하면서 이로 인해 탄생 될 자동차 기술과 제조업에서의 생산방식과 이에 따른 사회구조의 변화를 4차 산업혁명이라 지칭하였다. 그도 언급하였듯이 4차 산업혁명은 3차 산업혁명을 기반으로 하고 있으며, 앞서 이야기한 것처럼 4차 산업혁명이 어떠한 점에서 3차 산업혁명과는 구분되는 혁명인지에 대해서는 여전히 의문을 제기하는 사람들도 존재한다.

2016년 1월에 다포스 포럼에서 4차 산업혁명이 언급되었다는 것에 대해서는 많은 사람들이 모르고 지나쳤을 수 있지만 비슷한 시기에 2016년 3월에 이세돌 9단과 구글에서 개발한 인공지능 바둑프로그램 알파고(AlphaGo)와의 대결에 대해 기억 못하는 사람은 거의 없을 것이다.

알파고와 이세돌 9단은 3월 9일부터 15일까지 5일 동안 다섯 번의 승부를 펼쳤으며 이때 알파고가 4대 1로 이기면서 많은 이슈가 되었다. 인공지능 알파고가 네 번 이긴 것도 무척 놀라운 일이었지만 반대로 어떻게 이세돌 9단이 한 번을 이길 수 있었는가에 주목하며 인공지능과 사람, 앞으로의 세상에서 사람만이 할 수 있는 것은 무엇이 있을까? 인공지능은 어디까지 발전될 수 있을까? 등등 많은 의문과 논의를 가져오게 되었다.

알파고로 대변되는 2016년을 기점으로 4차 산업혁명이 3차 산업혁명과 무엇이 다른가라고 묻는다면 많은 사람들은 이에 대한 핵심적인 키워드로 초연결과 초지능이라 말하며, 이를 대표할 수 있는 핵심 기술로 IoT(사물인터넷)와 AI(인공지능)로 4차 산업혁명의 차별점을 우선적으로 언급한다. 물론 클라우드 슈밥을 비롯한 여러 학자들이 인공지능, 로봇공학, 사물인터넷, 무인 운송 수단, 3D 프린팅, 나노 기술과 같은 여러 기술 혁신을 언급하지만 사물이 스스로 정보를 처리하여 실시간으로 데이타를 인터넷으로 주고받는 기술이나 환경인 IoT와 인간의 학습능력과 추론능력, 지각능력, 자연언어의 이해능력 등을 컴퓨터 프로그램으로 실현한 기술인 인공지능 기능이 다른 무엇보다 초연결과 초지능 사회를 대표할 수 있는 핵심적인 기술이라 이야기할 수 있다.

초연결과 초지능 시대는 앞으로 우리의 세상을 어떻게 변화시킬 것인가? 사물과 사물이 소통하고 스스로 일을 처리하는 컴퓨터, 그리고 인공지능을 장착한 로봇, 3D 프린팅으로 가능하게 되는 인공장기, 자율주행자동차 등은 분명히 우리 생활의 많은 부분을 변화시킬 것이고, 이것이 과연 긍정적일 것인가 아니면 부정적일 것인가에 대해서는 많은 논의와 토론이 이루어지고 있다.

지난 2016년 12월 MBC에서는 창사특집 다큐멘터리로 [미래인간 AI]를 3부작으로 방영하였다. 그때 2025년 서울을 방문한 외국인 커플의 모습을 통해 인공지능의 발전 정도를 생생하게 그려주고 있다. 인공지능 안경을 쓴 남자가 주위를 둘러보니 광화문 주변의 건물들의 이름뿐만 아니라 이순신 동상, 세종대왕 상 등 많은 유적물에 대해 가상현실과 증강현실이 적용된 안경을 통해 정보를 다 파악할 수 있었으며, 여성의 경우는 인공지능 안경이 아닌 인공지능 각망을 이식하여 사용하고 있었다. 이들 커플이 찾은 찻집에서는 외국인임에도 불구하고 종업원과 함께 동시통역이 실시간으로 되는 이어폰을 통해 의사소통에 전혀 문제없이 차를 주문하는 모습을 볼 수 있었다. 인공지능과 사람과의 상호작용을 통해 정보적 측면에 있어 실시간으로 도움을 받을 수 있으며, 이를 통해 기존에 어려움이 있었던 많은 부분에 있어 시간적, 물리적 노력을 줄일 수 있는 장점이 눈에 띄게 보여진다.

하지만 이러한 여러 장점에도 불구하고 사람들은 인공지능 로봇의 발전에 대한 우려와 두려움이 있는 것이 사실이다. 넷플릭스에 있는 블랙 미러(Black Mirror), 영국 드라마 휴먼스(Humans)[3]에서는 향후 인공지능 시대가 우리 사회에 가져올 변화에 대해서 여러 가지 측면을 보여주고 있다. 기계로 모든 것이 가능한 시대에서 외로워진 사람들은 인공지능과의 대화와 사랑을 꿈꾸게 되며[4], 이것이 가져올 영향은 무엇이 있을까? 그리고 인공지능 로봇 가정부를 구입한 뒤 편리함을 극대화 할 것이라 여겼지만 로봇으로 인해 엄마와 책읽는 것보다 화내지 않는 로봇과 책을 읽고 싶다는 딸, 자신의 위치와 역할을 잃어버린 것과 같은 느낌으로 고뇌하는 가족들의 모습들이 보여지면서 기계로 인해 소외되는 인간의 모습을 보여주고 있다.

4차 산업혁명이 3차 산업혁명과 무엇이 차별되는가라고 묻는 사람들도 있지만, 4차 산업혁명이라 칭했던 슈밥은 다음과 같은 말을 하며 앞으로의 사회의 변화와 그에 대한 영향력, 그리고 우리가 이를 어떻게 대응하고 받아들여야 하는가를 생각해보게 하였다.

"제4차 산업혁명의 가장 큰 특징은 이겁니다.
우리가 '하는 일'을 바꾸는 것이 아니라 '우리 인류 자체'를 바꿀 것입니다."

– 클라우스 슈밥 –

3 4차 산업혁명을 맞이하는 우리의 자세

4차 산업혁명을 맞이하며 인공지능과 사람과의 관계를 고민하며 많이 논의되는 것 중 하나는 그렇다면 이러한 시대에 우리는 어떻게 살아가야 할 것인가에 대한 담론이다. 즉 인공지능과 인간을 구별짓는 것은 무엇이 있을까? 인공지능과 인간이 함께 살아가야 할 때 어떠한 모습으로 살아가야 할 것인가? 등에 대한 것이다.

---

3) https://www.youtube.com/watch?v=wtdtU4mqqig
4) https://www.youtube.com/watch?v=j6rD4b0VLOE

활동지 : 우리가 살고 있는 세상, 그리고 여러 이슈들에 대한 마인드맵 작성

지금 우리는 어떠한 세상에서 살고 있을까? 우리가 살고 있는 세상에는 어떠한 많은 이슈들이 있을까? 4차 산업혁명을 비롯하여 지금 우리 세상에서의 변화들을 마인드맵으로 그려보고, 지금 우리가 주목해야 할 이슈들이 무엇이 있는지 토론해보자.

머릿속에서 바로 생각나지 않는다면 인터넷을 찾아가며 완성하고, 조원들의 의견을 최대한 많이 적을 수 있도록 하면 좋다.

일시적 이슈보다는 지속적인 이슈, 영향력이 큰 이슈들을 생각해보면 좋다.

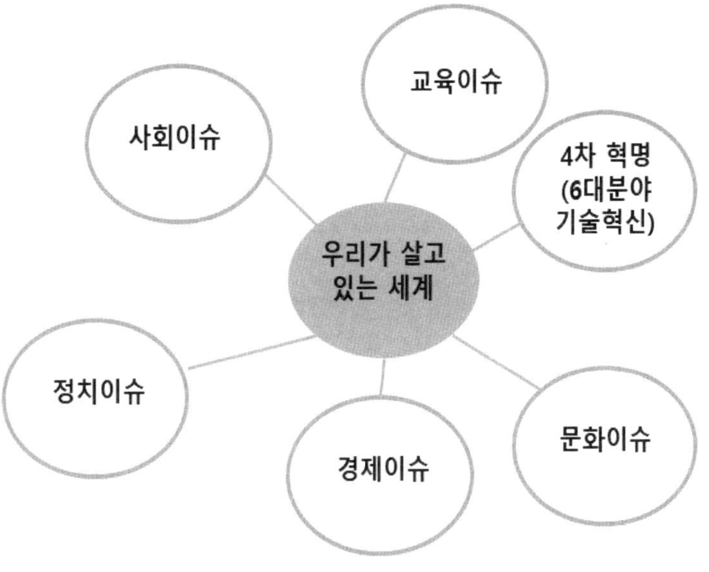

토론하기

미래의 인공지능에 대한 긍정적 영향을 보여준 또는 우려의 모습을 보여준 몇 가지 영상을 머릿속으로 생각해보고 또한 여러분이 알고 있는 지식을 바탕으로 다음에 대해 토론해보자.

- 앞으로 인공지능의 능력이 사람을 앞설 것이며, 이로 인해 일자리 문제 등이 야기될 것이다. 인공지능 VS 사람 간에 대한 여러분의 의견은?
- 이러한 상황에서 인간만이 가지고 있는 고유한 역량은 무엇일까?
- 이러한 시대에 우리가 해야 하는 노력은 무엇일까?

4차 산업혁명 시대를 살아가는 우리가 갖춰야 하는 것에 대해 많은 전문가들[5]이 언급하는 역량으로는 공통적으로 복잡한 문제나 과제를 해결한 창의융합적 문제해결력을 우선적으로 언급하고 있다.

세계경제포럼이 발간한 2018년 직무의 미래(The Future of Jobs) 보고서에서는 인간 고유의 능력과 기술을 활용할 수 있는 기술의 중요성을 강조하며 2022년에 가장 중요할 것으로 여겨지는 10가지 역량을 중요한 순서대로 제시하였다.

보고서에 따르면, 혁신, 창의성, 분석, 문제해결과 같이 복잡한 사고능력이 더욱더 요구되는 능력이 될 것이며, 리더십, 사회적 영향력, 감성 지능과 같은 관계적 역량과 적극적으로 배움을 추구하는 동기적 측면의 역량이 핵심적으로 중요해 질 것이라고 분석한 반면, 신체능력, 회계, 원자재, 인사관리, 기초적인 기술 설치 및 관리 감독 역량과 기술은 점차 낮아질 것으로 예상하였다.

AI가 발전하여 모든 문제를 풀고 해결하고 인간처럼 행동할 것이라 두려움을 갖기도 하지만 여전히 복잡하고 빠르게 변화하는 환경에서의 복잡한 사고와 해결에 대한 창의적 문제해결은 인간만이 가진 고유한 능력이며, 이를 가능하게 하는 감성과 협력적 집단 지성 또한 인간만이 가진 고유한 능력임에 틀림없다.

향후 우리는 어떻게 하면 AI와 머신러닝 그리고 로봇, IoT들과 공존하며 살아갈 것인가를 논의해야 할 것이며, 인간의 강점과 잠재력을 더욱 최대화 하여 이를 활용할 것인가에 주목해야 할 것이다. 창의융합적 문제해결 역량은 어떻게 하면 발전시킬 수 있으며, 키울 수 있을 것인가 미래를 대비하는 우리의 또 하나의 사회적 이슈가 아닐까 싶다.

이지성 작가가 2019년에 소개하여 베스트셀러가 된 <인공지능에게 대체되지 않는 나를 만드는 법>에서는 창의력, 생각하는 능력, 공감력 등을 가능하게 하는 8가지에 대해 소개하고 있으며, 이에 대해서 모두 소개할 수 없는 관계로 목차만을 제시하여 참고할 것을 권유한다.

5) 인공지능은 못하지만 인간은 잘 하는 것 | 노준용 KAIST 문화기술대학원 교수 | 인공지능 인생 기술 강연 강의 듣기 4차 산업 혁명, https://www.youtube.com/watch?v=EtgL0qWp1lQ

2022년에 요구되는 스킬

	증가세		감소세
1.	분석적 사고, 혁신	1.	손 기민성, 인내력, 정확성
2.	적극적 학습, 학습 전략	2.	기억, 언어, 청각, 공간 능력
3.	창의성, 독창성, 주도성	3.	회계· 원자재 관리
4.	기술 설계, 프로그래밍	4.	기술 설치 및 유지
5.	비판적 사고, 분석	5.	읽기, 쓰기, 수학, 적극적 경청
6.	복잡한 문제해결	6.	인사관리
7.	리더십, 사회적 영향력	7.	품질관리, 안전의식
8.	감성지능	8.	협업, 시간 관리
9.	추론, 문제해결, 아이디어 생성	9.	시청각, 구술 능력
10.	시스템 분석 및 평가	10.	기술 사용, 감독 및 통제

출처 : The Future of Jobs Report 2018, World Economy Forum

[그림] 2018년도 세계경제포럼 보고서 2022년 요구되는 스킬

〈에이트 목차〉

에이트 01 디지털을 차단하라
실리콘밸리 가정과 기업에는 IT 기기가 없다
소비자가 아닌 창조자의 입장에서 대하라

에이트 02 나만의 '평생유치원'을 설립하라
'몬테소리 마피아'의 비밀
인공지능 시대의 리더를 기르는 교육
200년 전, '칼 비테 교육법'에 숨겨진 진실
인공지능은 유년 시절이 없다

활동지 : 인간의 고유한 능력, 상상력을 기반으로 창의성 설문하기

많은 자료와 데이타를 기반으로 의사결정을 하는 인공지능과 다르게 기존에는 없었던 생각과 감성과 지성을 결합하여 직관으로 무언가를 상상할 수 있는 창의성을 많은 사람들이 인간 고유의 능력으로 언급하고 있다. 다음은 지금 여러분의 창의성 정도를 평가하는 문항이다. 옳고 그름이 없으며 다음에 문항에 답하여 여러분의 창의성 정도를 알아보자. 1(매우 그렇지 않다)~5(매우 그렇다)로 하여 각 문항에 대해 답하여 보아라. 이에 대한 구체적인 해석은 부록에 제시되어 있다.

- 나는 나에게 문제가 부딪힐 때 문제를 자세하게 분석하여 해결방법을 찾는다.
- 나는 문제를 해결하기 위해 대안이 실제로 실현가능한지를 고려하곤 한다.
- 나는 문제를 해결할 때 장애가 되는 요소들을 사전에 제거하려고 노력한다.
- 나는 발생한 문제 중에서 우선순위를 고려해서 먼저 해결해야 하는 문제를 잘 찾아낸다.
- 나는 문제해결을 위해 제시된 대안을 논리적으로 검토한다.
- 나는 문제가 발생했을 때 새로운 관점에서 해결책을 찾는다.
- 일을 하면서 더 좋은 다른 방법은 없을까 생각해 본다.
- 한 가지 그림을 보고도 여러 가지를 말할 수 있다.
- 어떤 일이나 사물을 보면 다른 좋은 생각이 떠오를 때가 많다.
- 항상 왜 그럴까 하는 이유를 생각한다.
- 어떤 글을 읽고 중간에 내용이 빠진 경우 그 내용을 잘 끼워 넣어 생각할 수 있다.
- 노래 가사 바꾸어 부르기를 한다면 가사를 바꾸어 재미있게 표현 할 수 있다.
- 두 장의 그림을 보고 그 다음에 일어날 일을 말하라 하면 어울리게 말할 수 있다.
- 주어진 일부분을 본다면 새로운 모양으로 다양하게 표현해서 말할 수 있다.
- 남들이 생각하지 못하는 것을 잘 생각해내곤 한다.

| 참고문헌 |

- 송은주, 『당신은 왜 인간입니까』, 웨일북, 2019
- 이지성, 『에이트 인공지능에게 대체되지 않는 나를 만드는 법』, 차이정원, 2019
- 최진기, 『한 권으로 정리하는 4차 산업혁명』, 이지퍼블리싱, 2018
- 클라우스 슈밥, 『제4차 산업혁명 THE NEXT』, 새로운 현재, 2018

| 참고영상 |

- 기획특집 다큐멘터리, EBS, 특집 클라우스 슈밥의 제4차 산업혁명
- https://www.ebs.co.kr/tv/show?courseId=BP0PAPC0000000028&stepId =01BP0PAPC0000000028&lectId=10587653
- 인공지능은 못하지만 인간은 잘 하는 것 | 노준용 KAIST 문화기술대학원 교수 | 인공지능 인생
- 기술 강연 강의 듣기 4차 산업혁명, https://www.youtube.com/watch?v-EtgL0qWp1lQ
- 제4의 물결, 초연결시대, 당신이 알아야 할 4차 산업혁명 / YTN 사이언스, https://www.youtube.com/watch?v=6VYascb96cI&app=desktop

PART Ⅱ

창의융합적 문제해결을 위한 개념 및 방법론

PART
Ⅱ

창의융합적 문제해결을 위한 개념 및 방법론

1 창의성의 정의와 4P

가. 창의성의 정의

창의성, 창조성, 창의적 문제해결, 창조적 상상력 등 창의성을 일컬은 다양한 용어들이 존재한다. 그것을 사용하는 사람 또는 상황에 따라 조금씩 강조점이 다르기도 하지만 이들 모두는 공통된 개념과 함의를 가지고 있다.

창의성이란 기존에는 없었던 것을 새로 만들거나 또는 기존에 있는 것에서 새로움을 추구한 독창성(uniqueness)과 이것이 기존의 문제를 해결하거나 필요를 만족시키거나 도움을 주는 유용성(usefulness)을 갖춘 것을 의미한다(Amabile, 1997; Zhou & George, 2001). 창의성과 관련해서 사람들이 갖는 오해 중의 하나는 새롭고 특이하고 엉뚱하고, 기이한 것을 창의성으로 생각하는 경향이 있는데, 단지 엉뚱하고, 기이하고 특이한 것으로는 창의성이라 말하기에 불완전하며 그러한 것이 유용하며, 문제를 해결하고, 필요를 만족시키는 것을 창의성이라 정의한다.

이러한 정의는 다중지능 이론으로 알려져 있는 하워드 가드너 박사의 창의성 구분과도 연관시켜 생각해볼 수 있다. 하워드 가드너에 따르면, 창의성은 보통 그 정도에 따라서 빅C, 미들C, 리틀C로 구분하기도 한다. 빅C는 인류 역사에 발자취를 남기는 수준의 창조적 상상력을 말한다. 레오나르도 다빈치, 미켈란젤로, 또는 뉴턴 등 기존에는 없었던 천재들에 의해서 발휘될 수 있는 창의성을 말한다. 반면 리틀 C는 일상적인 문제 해결 능력과 변화에 대한 적응력을 말한다. 즉 앞서 언급한 유용성을 강조한 것을 리틀C라고 볼 수 있다. 미들C는 빅C와 리틀C의 사이에 있는 창조적 상상력을 말한다.

보통 사람이 가지는 창의성에 대한 오해의 하나는 아마도 창의성이라는 단어가 가져오는 부담감, 그것은 아마 빅C만이 창의성이라고 생각하고 있는 것에서 비롯되는 것일 수 있다. 하지만 우리가 창의성을 미들C와 리틀C로 생각한다면, 즉 지금보다는 나아지고 개선시키면서 문제가 해결이 되는 능력, 또는 적응력이라고 생각한다면 하루 동안에도 변화시키고 싶은 수많은 문제들이 존재할 수 있다.

아침에 알람시계에 눈을 뜰 때 이렇게 시끄러운 알람 말고 다른 방법으로 잠을 깰 수는 없을까? 어떻게 하면 학교에 더 빨리 도착할 수 있을까? 어떻게 하면 더 빠르게 7층까지 올라 갈 수 있을까? 가방을 무겁지 않게 하려면 어떻게 할 수 있을까? 물건을 집에서 놓고 온 게 있는데 그것은 어떻게 해야 이용할 수 있을까? 안 놓고 올 수는 없는 걸까? 등 생활 속에서 많은 불편함에 대해 의문을 가질 수 있다.

"인류의 생존이 곧 인간의 창의적 능력을 말해주는 것이다"라는 이야기가 있다. 인류가 처음으로 존재했던 그 시대에는 사람에게 모든 것이 두려움의 대상이었을 수 있으며, 자신을 지키고 생존을 위해서 인류는 수많은 것들을 발견하고 발명하고 개발하고, 창조하며 지금까지 살아온 것일 수 있다. 불을 만들고, 검을 만들고, 그리고 집을 만들고 하는 모든 것이 생존을 위한 창조가 아니었을까?

이렇듯, 창의성은 빅C가 아닌 미들C와 리틀C가 될 수 있으며, 여기에서 중요한 것 중 하나는 지금 내가 생각하는, 느끼는 "불편함", "문제점"애 대한 인식일 수 있다. 사회적 이슈와 창의융합적 문제해결 측면에서 살펴본다면 여러분이 가정, 집단, 학교, 그리고 우리나라에서 살아가면서 그곳에서 내 스스로 느낀 "불편함" 그리고 "문제점"이 무엇인지 생각해보고 그것을 해결해보고자 한다면, 이것이 창의적 문제해결의 시작이 될 수 있다. 예를 들어, 공유 자동차 서비스 우버의 탄생 역시 창립자 칼라닉이 경험한 불편함에서 시작되었는데, 칼라닉은 "택시를 잡는 데 30분이나 걸려 짜증"이 난 것에서 창업을 결심하게 되었다는 일화가 있다. 이외에도 많은 스타트업 기업이 그리고 다이소에 있는 많은 생활도구들이 자신이 경험한 불편함과 어려움을 어떻게 해결할까에서 시작되었다고 볼 수 있다.

또한 사회적 이슈의 해결방안을 생각한다면, 내가 느끼지는 못했지만 다른 사람이 느낄 "불편함" 또는 "문제점"을 공감하는 것도 창의성의 발현에서 중요할 수 있다. 2016년 어뮤즈트래블이라는 쇼셜벤처[6]를 창립한 오서연 대표[7]는 해외봉사활동을 계기로 회사를 설립

6) 사회문제를 해결하기 위해 사회적기업가가 설립한 기업 또는 조직으로, 사회적 문제를 해결하고 사회적 혜택을 제공하는 것을 이익보다 우선시한다는 점에서 일반 벤처기업과 다르다. 빈곤과 불평등, 환경 파괴, 교육 격차 등을 해소하면서도 사업을 지속할 수익을 창출하는 것을 목표로 한다. [네이버 지식백과] 소셜벤처 [social venture] (한경 경제용어사전)

하게 되었다고 하며 다음과 같이 이야기하였다.

> "싸이클론으로 수많은 이재민이 발생한 미얀마를 봉사 활동차 방문한 적이 있었어요. 당시 미얀마 정부가 쓰레기장 근처에 임시로 지은 오두막으로 이재민들을 몰아넣었는데, 한 오두막에서 하반신 마비 장애인 한 분이 기어 나오는 것을 봤죠. 이들의 불편한 삶도 충격이었지만 더 큰 충격은 제가 그때껏 한 번도 장애인의 존재를 인지하지 못한 채 살아왔다는 사실이었어요. 그 경험 이후에 장애인에 대해 관심을 갖게 됐죠."

오서연 대표는 이 시점을 계기로 장애인에 관심을 갖게 되었고, 무엇보다 장애인에게 무엇이 가장 불편한지, 무엇이 가장 필요한지를 묻게 되었을 때 이동하고 여행하는 것이라는 걸 알게 되었다고 한다. 그래서 오연서 대표는 장애인 이동권에 관심을 갖고, 장애인을 위한 이동경로 앱 개발[8], 장애인을 위한 여행 프로그램[9] 등을 개발하여 불편함을 없애고, 필요함을 증가시키는 문제해결의 창의성을 발휘하게 된 것이다. 나 아닌 다른 사람들이 지닌 불편함을 공감하고 알게 된다면 그것이 곧 필요의 발견이며, 그것이 사회적 창의성에 시작이 될 것이다.

이지성 작가는 그의 책 [에이트]에서 이러한 공감능력은 E능력으로 표현했으며, 이 또한 C능력과 같이 빅E, 미들E, 리틀E로 표현하며, 고통받고 있는 사람들의 처지에 서서 생각하고 느낄 줄 알고 그들의 고통을 덜어주기 위한 구체적인 행동을 아는 E가 바로 C를 발견할 수 있는 원천이 될 수 있다고 하며, 우리에게는 간디나 마더 테레사 같이 빅E를 이루기는 쉽지 않지만 리틀E와 미들E를 통해 리틀C나 미들C는 우리가 지금의 세상을 살아가는데 인간만이 가능한 능력이 아닐까 이야기하고 있다.

나. 창의성의 4P

창의성 구성 요소에 대한 연구는 Rodes(1961)에 의해 이루어졌다. 그는 창의력을 4가지 측면으로 구별하고 있으며 이를 창의성 4P(Person, Process, Press, Product)라 부른다. 첫 번째 P는 창의적인 사람(creative person : 개인 내에 있는 창의적인 특성)을 말하며, 두 번째 P는

7) https://www.data.go.kr/useCase/interview/1000664/show.do
8) '휠체어 내비게이션'이 필요한 이유, SBS 뉴스, https://www.youtube.com/watch?v= dahk0k1-9aw
9) '같이'의 가치! "어뮤즈트래블"과 함께 떠나는 관광약자 위한 '배리어 프리' 여행!, 뉴스페이퍼, 2019.11.12

창의적인 과정(creative process : 창의적인 사람의 인지적 과정 단계), 세 번째 P는 창의적인 환경(creative place/press : 창의력에 영향을 주는 심리적, 물리적 환경), 네 번째 P는 창의적인 산출물(creative product : 창의적 산물의 준거)을 의미한다.

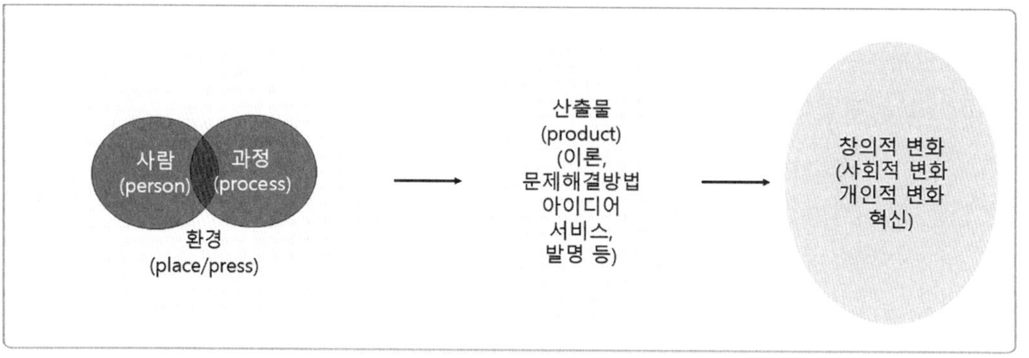

[그림] 창의적 변화모델(Puccio, Murdock, & Mance, 2005)

Puccio, Murdock, & Mance(2005)는 위의 그림과 같은 창의적 변화모델을 제시하며 4P를 도식화하였다. 이들에 따르면, 창의적 사람, 창의적 과정, 창의적 환경은 서로 상호작용하게 되고 이것이 결국 창의적 산출물을 가능하게 한다. 이러한 창의적 산출물, 예를 들어 창의적 제품, 창의적 아이디어, 창의적 서비스, 창의적인 이론 등이 세상에 나오게 되면, 이것은 개인에게도 변화를 가져오게 하고, 사회적으로 반향을 일으키고 변화를 가져올 수 있다.

2000년대 이후의 우리의 삶에 많은 변화를 가져오게 한 최대의 창의적 산물 스마트폰이 있다. 스마트폰은 사회와 개인의 삶의 변화시킨 창의적 산출물(product)이라고 볼 수 있다. 그렇다면 스마트폰은 어떻게 세상에 나오게 되었을까? 우리는 스마트폰이 잡스(Jobs)라는 사람으로부터 만들어진 것을 익히 알고 있다. 잡스는 바로 사람(person)에 해당이 된다. 우리는 잡스에 대해서 얼마나 알고 있는가? 구체적으로 잡스가 어떤 성격, 특징, 지식을 가지고 있는 사람이었기에 스마트폰을 만들어냈을까?에 대해 알고 있는 점도 있고, 잘 모르고 있는 부분도 많을 것으로 안다. 과정(process)이란 잡스가 어떠한 과정을 거쳐서 스마트폰을 만들어냈을까를 살펴보는 것이라 할 수 있다. 환경(place)은 스마트폰을 만들 때 그 사람 또는 과정을 촉진시켰던, 지지했던 물리적, 심리적 환경을 의미한다.

창의성 연구에서 4P를 분석하는 이유는 사례연구를 통해 창의적인 산물이 나오게 된 배경과 맥락을 이해하고, 구체적으로 분석이 된 각각의 요소를 살펴보면서 일반화하여 적용할 수는 없지만 특출난 사람들을 통해 내가 배워야 할 것, 내가 할 수 있는 것들을 배우고, 실천하여 창의적 문제해결 향상에 도움을 받을 수 있기 때문이다.

2 4P의 구성요소

창의성의 개념은 4P에서 출발하며(조연숙, 성진숙, 이혜주, 2008), 창의적 산물의 기준, 창의적 인물의 특성, 창의적 과정, 창의적 환경을 의미한다. 우리가 4P를 분석할 대상을 찾기 위해서는 '창의적 산물'이라고 하는 것이 우선적으로 존재해야 한다. 우리는 어떠한 기준에서 어떠한 것은 창의적 산물이고 어떠한 것은 창의적 산물이 아니라고 생각하고 평가하는가? 이에 대한 논의부터 살펴보는 것이 4P 이해에서 필수적임으로 우선적으로 창의적 산물을 살펴보고, 이후 창의적 사람, 창의적 과정, 창의적 환경 순으로 살펴보도록 하겠다.

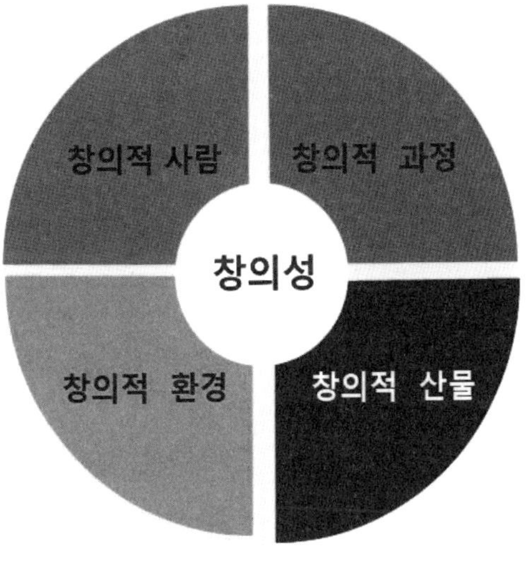

[그림] 4P 구성요소

가. 창의적 산물(product) : 창의적 산물의 기준은 무엇인가?

우리가 어떠한 물건, 이론, 아이디어를 보고 창의적 산물이라 평가하는 것의 기준은 창의성의 정의에서의 두 가지 핵심 요소와 맥을 같이 한다. 즉, 기존의 것보다 또는 기존에 없었던 것이었는가를 의미하는 독특성 또는 독창성이 얼마나 있는가에 대한 것과 그 산물이 얼마나 유용하며 필요를 충족시키는가로 크게 구분할 수 있다. 학자들에 따라 이 두 가지의 핵심 요소를 좀 더 세분화하여 정의하기도 하지만 두 개의 특징을 포괄하는 개념이라 할 수 있다. Jackson & Messick(1967)은 창의적 산물의 준거로, 참신성(novelty), 적절성(appropriateness), 변형성(transformation), 압축성(condensation)을 제안하였다.

참신성이란 종래에 있던 상품이나 아이디어를 재연하는 수준 즉, 모방이나 답습의 수준이 아닌 어떤 의미 있고 새롭고 독특한 점이 있는 것을 의미한다. 여기에서의 새롭고 독특한 점은 완전히 새롭고 독특해야 하는 것을 의미하는 것은 아니다. 이미 어떤 곳에서 존재하였던 생각을 다른 곳에 적용하는 것도 참신성에 포함될 수 있다. 즉 과거에 축적된 정보의 새로운 조합, 재결합, 재정리, 다른 곳에 적용 등도 참신성에 해당 될 수 있다는 것이다.

예를 들어, 반려동물 유기와 관련된 사회 문제를 어떻게 해결해야 하나에 대한 다양한 대책이 수립되고 있다. 원인을 살펴보니 반려동물의 유기는 보험이 안 되는 반려동물의 비용에 대한 부담도 문제이지만 일정정도 시간을 함께 해주고 산책 등을 해줘야 하는 반려동물의 경우 혼자 외롭게 두게 되어 정신적 문제로 인한 어려움 그리고 책임감에 대한 부담 등으로 유기를 하는 경우들도 생기게 된다. 저렴한 비용으로 지원이 이루어지는 반려동물 유치원, 반려동물 키즈카페가 운영된다면 강아지를 외롭지 않고 사회성도 기르며 보호자들도 시간을 확보할 수 있다. 원래 유치원, 키즈카페는 사람을 대상으로 하는 시설이나 이를 반려동물에게 적용하는 것 자체가 새로운 시도라고 볼 수 있다. 물론 비용적 측면에서 여전히 해결될 문제가 있고, 유치원, 키즈카페가 이미 있다는 측면에서는 참신성이 부족할 수도 있지만 유기되는 반려동물을 줄이기 위한 하나의 문제해결 대책으로 사람에게 적용했던 여러 방법들을 시도해보는 것도 참신한 생각이 될 수 있음을 보여주고 있다.

적절성은 유용성, 가치성이라 말할 수 있다. 어떤 산물이 창의적이기 위해서는 단지 획기적이고 새롭기만 한 것이 아니라 가치가 있고 유용한 측면이 존재할 필요가 있다. 이에 대해서는 여전히 논란이 되는 측면이 있는데(하주현, 2006) 예술작품, 과학자, 또는 작가의 작품 등은 그 사회, 시대 그리고 어떤 지역, 나라이냐에 따라 가치가 있느냐 없느냐가 결정될 수 있기 때문이다. 따라서 이에 대해서 판단하는 것은 쉬운 것은 아니나 일반적으로 사회적 측면, 공학적 측면, 경제적 측면 등에서는 사람들에게 가치있는 것으로 여겨지고 유용하고 필요하다고 여겨지는 것이 없다면 새로운 것은 오히려 기이한 것으로 끝나버릴 수 있기 때문에 적절성은 중요할 수 있다.

세 번째는 변형성이다. 변형성은 참신성의 하나로 볼 수도 있다. 변형성은 전통을 깨는 것, 새로운 관점, 질적으로 다르게 보는 것, 고정관념을 벗어난 것 등이 포함될 수 있다. 예를 들어, 버려진 껌에 대해서 생각해보자. 껌이 버려지는 사회적 문제가 있다면, 이것을 어떻게 버리게 하지 않을 것인가로 문제를 접근하거나 어떻게 빨리 제거할 것인가를 바로 생각할 수 있다. 하지만 벤 윌슨과 같은 껌 아티스트 등은 버려진 껌에 대해 역발상적으로 아트로 승화시켜 이것을 떼는 것에서 보는 것으로의 변화를 통해 문제를 해결하고자 했다. 왕왕[10]이라는 회사를 들어본 적 있는가? 왕왕의 CEO인 안현선, 이소현 대표는 물류업과 수리업에서 일한 경험을 토대로 이들 산업에 성별 고정 관념이 얼마나 심각한지 체감하고, 이에 대한 고정관념을 개선하고자 물류업과 수리업을 창업하였다고 밝혔다. 이러한 시도는 오히려 사업에서 강점으로 발휘할 수 있는 특성이 있어 기존의 관점을 깨면서 새로움을 창출하는 변형성을 갖춘 창의적 산출물로 볼 수 있다.

마지막으로 압축성이다. 압축성은 그 산물이 다양한 의미를 지니며 다양한 의미를 하나로 표현화 할 수 있는 것을 이야기한다. 예를 들어, 어떠한 주제의 ppt를 단 하나의 단어나 언어, 또는 상징화 할 수 있는 것은 많은 생각과 다양한 의미를 생각하게 하지만 본질을 벗어나지 않게 하기 때문에 이러한 것들은 압축성이라 볼 수 있다. 이는 하나의 예술작품, 비유가 있는 시, 표어 등 이러한 것으로 표현된 것들은 압축성을 지닌 창의적 산물이라 볼 수 있고. 이 또한 독특함과 특이함의 uniqueness에 포함된다 볼 수 있다.

그러나 창의적 산물에서 우리가 한 가지 기억해야 하는 측면은 참신성, 적절성, 변형성, 압축성이든 창의적 산물이라고 평가하는 기준은 상당히 주관적인 것이기 때문에 평가가 쉽지 않을 수 있다. 또한 정의에 '새로움'이 포함되어 있는데, 새롭게 나타난 아이디어, 새롭게 등장한 제품 등은 이미 나오고 나서 대중화되거나 다른 사람들에 의해서 모방된다면 과연 이것이 새로운가에 대한 의문이 제기될 수밖에 없다. 따라서 창의적 산물에 대한 의견은 다를 수 있으며, 관점이 다를 수 있다. 이러한 부분에 대해서도 서로 공감하며 창의적 산물을 결정하는 것도 중요한 자세라 할 수 있다.

---

10) https://wang-wang.co.kr/visiblo

학생들과 진행했던 사례를 중심으로 산출물에 대한 생각을 한번 해보겠다. 학생들에게 자신이 생각하는 창의적인 이노베이터를 이야기해보라 했을 때 많이 언급되는 이노베이터로 "백종원" 요리연구가이자 기업가가 있다. 백종원이 어떠한 점에서 창의적인 인물인가를 논하기 위해서는 그에 의해서 만들어진 산물이 창의적인 산물인가를 먼저 생각해볼 필요가 있다. 학생들은 많은 경우, 골목식당 또는 맛남의 광장이라는 프로그램을 이야기하며 사회적으로 미친 그의 영향력을 설명한다. 그렇다면 골목식당 또는 맛남의 광장이 어떠한 측면에서 창의적인 예능프로그램인지 또는 작품인지 설명할 수 있는가? 어떠한 부분이 새로운 것이며, 어떠한 부분이 가치 있으며, 어떠한 부분이 고정관념을 깬 부분이며, 어떠한 부분이 압축성을 나타낸 것인지를 아는 것이 바로 그것이 왜 창의적 산출물인지를 설명하는 부분이 될 것이다.

나. 창의적인 사람(person) : 전문지식, 창의적 사고력, 내적동기

주변에 창의적인 사람이 있는가, 또는 대중매체를 통해 창의적이라고 느낀 사람들이 있는가? 이러한 창의적인 사람(creative person)들은 어떠한 공통적 특징이 있을까?

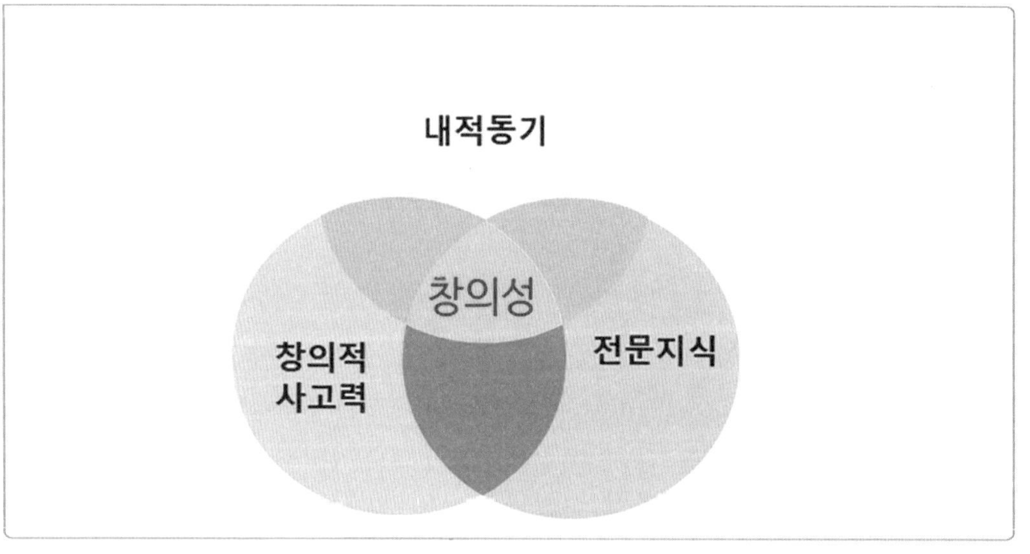

[그림] 창의적 사람들의 창의성 발현의 3요소

창의적인 사람에 대한 잘못된 오해 중 하나는 창의적인 사람들이 지닌 창의력은 무엇보다 노력으로 얻어지기보다는 신이 주신 선물로 생각하여 특별한 능력을 가진 사람들의 것이라는 생각이다.

하지만 아마빌(Amabile) 연구[11]에서는 창의성을 발현하기 위한 창의적인 사람들의 세 가지 요소는 바로 **전문지식과 경험, 내적동기, 창의적 사고력을** 언급하고 있다. 즉, 어떤 문제나 과제를 수행할 때 지식과 경험을 갖추지 않고는 그 과제가 무엇인지, 무엇이 문제인지 알 수 없기 때문에 지식과 경험은 선행조건이라 할 수 있으며, 내적동기가 충만하여 포기하지 않고 과제를 이끌어가야 하며, 기존의 지식과 경험만이 아닌 새로운 창의적 사고를 통해서 창의적인 성과가 나올 수 있다는 것이다.

(1) 창의성을 발현하는 조건 1 : 전문지식

창의성은 배워서 되는 것이 아니라 타고난 것이다?

이에 대해 여러 연구들은 창의성을 발현하는 사람들의 가장 핵심적인 공통특성으로 '전문지식'을 언급하고 있다. 전문지식이란 노력 없이 그냥 얻어지는 것이 아니라 해당분야에서 오랜 시간의 훈련과 연습, 그리고 학습과 경험을 통해 쌓여지고 축적된 것이라 할 수 있다. 물론 기계적인 훈련과 연습을 통한 반복적 행위를 창의적이라 부를 수 없다. 하지만 해당분야에 대한 깊이 있는 지식과 경험이 없이는 무엇이 문제이고 잘못되었으며, 무엇이 새로운 것이며, 무엇이 더 개선되어야 하는지를 아는 것은 쉽지 않을 것이다.

이는 헤이즈(Hayes)의 연구를 통해서도 입증되었는데, 헤이즈는 76명의 유명한 작곡가들을 대상으로 그들이 처음 음악공부를 한 시점에서부터 자신이 유명하게 된 작품이 나온 시점을 측정해본 결과 약 10년 정도의 시간이 걸렸음을 발견하였다. 그리고 여기에 덧붙여 유명 작곡가가 자신의 대표작 하나를 만들기 위해서는 약 1년 간의 시간이 걸린다고 하였는데, 그들은 그 기간에 음악체계, 작곡법 등 기존의 지식을 습득하고 적용하는데 상당수 많은 시간을 사용했다.

모차르는는 어린 시절 작곡을 해서 훈련이나 지식 없이 타고난 것으로 작곡했다고 생각하는 경우도 있으나 모차르차가 첫 작품을 내놓을 때까지 약 12년이라는 훈련기간이 필요했으며, 애플의 컴퓨터를 만들어낸 스티븐 잡스도 전자 장치에 관심을 가진 이후 거의 약

---

11) Amabile(1989), Growing Up Creative, New York: Crown

10년이 되었을 때 애플 컴퓨터를 만들어냈다.

최근 우리나라에 전 세계적인 감독으로 주목을 받고 있는 봉준호 감독 역시 군대시절인 1993년 첫 번째 단편영화 <백색인>을 만든 뒤 2000년도 첫 번째 장편영화를 만들 때까지 약 7년이라는 시간이 걸렸다. 그러나 첫 번째 영화 실패 이후 2003년 살인의 추억으로 인정을 받는 시점까지는 10년의 시간이 걸려 헤이즈의 연구와 유사한 결과를 보여주었다 할 수 있다. 또한 골목식당, 맛남의 광장 등으로 골목 및 지역활성화를 위한 요리와 사회적 문제를 접목한 백종원은 대학교 1학년 때인 1985년에 처음 자신의 가게를 가지고 요식업에 뛰어들었지만 우여곡절 끝에 요식업으로 본격적인 성공을 하게 된 것은 1998년으로 약 13년이라는 시간이 걸려 자신의 브랜드를 세상에 알리고 성공할 수 있게 되었다.

여기에서 본 바와 같이 단지 전문지식만 가지고 이들이 창의적 산물을 내었다고 하기에는 무척 오랜 시간이 걸리기 때문에 창의적인 사람들은 공통적으로 모호성에 대한 인내력, 끈기력, 모험정신 등이 있다고 밝혀져 있다[12]. 오랜 시간 동안 이것을 이끌어나기기 위해서는 내적동기 또는 끈기가 없다면 쉽지 않음이 분명하다.

하지만 전문지식은 양날의 칼이 될 수 있다. 전문가가 되었다는 것은 그 분야의 패러다임과 틀에 몰입이 되어 있다는 것을 의미한다. 몰입이 되어 있다는 것은 거기에서의 다른 시각, 새로운 각도에서 지식을 보는 것이 쉽지 않을 수 있다. 즉, 지식과 경험은 새로운 창의적 시각을 어렵게 할 수도 있다는 것이다.

그럼에도 불구하고 어떠한 것이 유용하며, 어떠한 것이 필요한지, 또한 어떠한 것이 새로운지를 알기 위해서는 지금 무엇이 있으며, 그것이 어떠한 한계점이 있는지, 그리고 어디까지 발견되고 진행되어 왔는지 등에 대한 지식과 경험은 선행되고 선결될 수 있음을 기억해야 한다. 창의성에서 발상의 중요성은 과대평가되고 있는 반면에, 지식과 노력의 가치는 전반적으로 경시되고 있다. 잘 정의된 문제이건 잘 정의되지 않은 문제이건, 기초적인 지식과 기술을 쌓고 오랜 시간 노력해야 잘 풀 수 있다. 와전된 이야기 덕분에 아인슈타인은 공부도 못하는 엉뚱한 학생이었고 평범한 특허청 직원이었다가 기발한 발상으로 상대성 이론을 발견했다고 알려져 있지만, 실제로 아인슈타인의 고등학교 성적표는 A로 가득하고 세계적으로 명성이 높은 대학에서 박사학위를 받아서 오랫동안 연구에 매진했다. 과학 분야의 노벨상 수상자들 중의 절반은 노벨상을 받은 스승 밑에서 교육을 받았고, 남들

12) 스턴버그의 창의성 투자이론(Investment Theory)

보다 2배는 많은 논문을 써냈다. 그들이 평균적으로 20대 중반에 박사학위를 받아서 30세 후반 무렵에야 노벨상에 해당하는 업적을 이뤄냈다[13].

수학자 이인석은 다음과 같이 말했다.

> "내게 창의성이 있다는 생각은 남들은 모두 나보다 못하다는 생각과 동치이다. 앞 시대를 살다 간 수많은 천재의 업적을 이해하려 하지 않고 창의성만을 기대하는 사람을 우리는 '아마추어'라고 부른다. '프로'는 먼저 수많은 천재들의 업적을 이해하려고 노력한다. 창의성은 그 다음의 문제이다. 그리고 수많았던 천재들의 업적을 일이 년에 이해할 수 없음은 말할 필요도 없다[14]."

(2) 창의성을 발현하는 조건 2 : 창의적 사고력

전문지식을 바탕으로 새로운 생각을 하기 위해서는 창의적 사고력이 무엇보다 필요하다. 창의적 사고력이라는 단어를 들으면 동일어로 여겨지는 것이 바로 확산적 사고, 발산적 사고, 새로운 관점, 역발상 등이 있다. 즉 문제를 해결하기 위해서는 지금과는 다른 해결책을 찾아야 하고 이것은 다른 확산적, 발산적 사고를 통해 대안을 찾을 수 있기 때문이다.

문제를 해결하기 위해서는 해결책만 찾아야 하는 것이 아니라 문제를 발견하고 원인을 규명하는 것부터 시작될 수 있다. 수많은 이유 중에 정말 맞는 원인을 찾아내는 사고방식은 단지 발산적 사고만 필요한 것인가? 이에 대한 연구자들은 창의적 사고력은 주어진 문제에 대한 기존 생각을 벗어난 새로운 시각과 사고를 가지고 해결하는 것뿐만 아니라, 남들이 발견하지 못하는 새로운 문제나 가능성을 찾아내는 것, 즉 '문제발견' 또한 창의적 사고력에서 중요한 요소라 말한다. 예를 들어, 시장에서 차별화된 요구사항을 반영한 신제품을 개발하는 것은 주어진 문제를 창의적으로 해결한 것이라 할 수 있지만, 고객이 전혀 예상하지 못하던 완전히 다른 개념의 새로운 상품을 개발하는 것은 문제를 발견하는 것이다.

주어진 문제를 창의적으로 해결하는 것보다 문제의 발견이 더 창의적이라는 견해는 여러 사람에 의해 제안되어 왔다.

---

13) Zuckerman, H.(1977). Scientific Elite: Nobel Laureates in the United States. New York, NY: Free Press

14) 아마추어는 창의성만 바란다, http://scienceon.hani.co.kr/34528

"기존 문제를 해결하는 것은 단순히 수학적인 기술만 있으면 가능한 일이다. 새로운 질문이나 가능성을 제기하는 것 또는 이전 문제를 새로운 각도에서 바라보는 데에는 창의적인 상상력을 필요로 하고 이것이 진정한 과학의 진보를 이루게 한다."

– 아이슈타인, 물리학의 진화 중에서 –

(3) 창의성을 발현하는 조건 3 : 내적동기

어떠한 현상에서 그것이 무엇이 문제인지, 그리고 무엇을 해결해야 하는지, 그것이 무엇을 의미하는 것인지 등을 생각하여 발견하고 해결하기 위해서는 때로는 우리가 예상한 것보다 훨씬 더 많은 시간이 필요할 수 있고, 노력을 기울여야 할지 모른다. 이렇게 지치지 않고 계속적인 관심을 가지고 살펴보고 노력하기 위해서는 무엇보다 내적동기가 필요하다. 동기란 "무엇인가를 향하게 하는 힘"을 이야기 하며, 내적동기란 자신이 좋아서, 하고 싶어서, 알고 싶어서 그것에 향하는 것을 의미한다. 즉, 어떤 일을 수행함에 있어 돈이나 명예와 같은 외부적인 물질적 이유들 때문에 그것에 향해 있는 것이 외적동기라면, 자신이 원해서 좋아서, 자신의 결정에 의해서 이루어지는 힘을 내적동기라 한다. 연구에 따르면, 외적동기 역시 주어진 목표를 달성하는데 효과적일 수 있다 하지만, 이는 뛰어넘는 성과를 달성하는 데는 역부족일 수 있다. 외적 보상에 의해서 동기화되면 보상 획득에 관련된 자극에만 주의를 집중하여 창의적 수행에 필수적인 자발성과 탐구심을 감소시키고 결국 창의성이 낮아지기 때문이다. 일에 대한 식을 줄 모르는 열정으로 일을 수행하는 그 자체로 즐거움과 성취감을 얻을 때 평범함을 뛰어넘는 창의성이 발휘될 수 있다.

창의성은 머리가 좋거나 특별한 재능을 가진 사람들에게 가능한 것이 아니다. 창의성이 발휘되기 위해서 지식과 경험, 창의적 사고기술 그리고 내적동기가 필요하며, 이 세 가지 요소가 수렴된다면 누구에게나 창의성이 발휘될 수 있다는 것이다.

다. 창의적인 과정(process)

창의적 과정이란 개인이 창의적 산물을 내기까지의 과정, 특히 여기에서는 인지적 과정에 초점이 맞춰져 있다. 최근에는 창의적 과정이 뇌에서 어떻게 이루어지는지에 대해서도 많은 연구가 진행되고 있다. 여러 연구자들에 의해서 개인의 창의적 과정이 어떻게 이루어지는지 연구되었지만 대표적인 두 개의 모델로 Wallas(1926)와 Gillford(1968)의 모델이 있다.

(1) Wallas(1926)의 창의적 사고 과정

뛰어나게 창의적인 사람들의 자기 보고서를 읽어보면, 창의적인 과정은 4개의 연속적인 단계로 이루어져 있다는 것이 공통적이다. 이는 준비기, 부화기, 조명기, 검증기라 명명하였다.

[그림] Wallas(1926) 창의적 사고 과정

① 준비기

문제에 직면했을 때 그 문제에 관련하여 여러 가지에 대하여 마음을 열어놓고 자료를 수집하는 단계이다. 문제와 관련이 있어 보이는 요소들이 학습되고 지적인 방식으로 조정된다. 문제해결을 위하여 주어진 문제를 분명하게 정의하고 필요한 정보를 수집하고 연구하며, 다양한 관점에서 문제를 검토하는 단계로, 자연스럽게 문제에 대하여 여러 가지 제안에 마음을 열어놓는 단계이다. 문제를 검토하며 다양한 관점으로 생각하며 발산적 사고를 하기도 하고, 문제를 더욱 세분화하여 정의하며 수렴적 사고도 하기 때문에 발산적 사고와 수렴적 사고를 반복할 수 있다.

② 부화기

진전이 이루어지지 않을 때 문제를 비켜놓는다. 문제해결을 준비하는 과정에서 문제의 해결책이 떠오르는 기간이 짧게는 몇 분에서 몇 달 아니면 몇 년이 걸리는 수도 있다. 준비기에서 접했던 다양한 제안들에 대한 해결책이 즉각적으로 떠오르지 않고 시간간격을 두고 떠오르게 된다. 이때 문제가 풀리지 않을 때, 문제를 한 발 물러서서 객관적으로 바라본다. 현재 해결하고자 하는 문제에 대해 잠시 생각하기를 멈추고 쉰다. 그리하면 무의식적인 사고가 자신도 모르는 사이 그것에 대해 작용한다. 일종의 잠복기간으로써 정신적 휴식을 갖는 시기이다. 창의력에서 중요하게 여기는 단계이다.

부화기란 암탉이 알을 낳아서 병아리로 깨어날 때까지의 과정을 일컫는다. 달걀의 경우 대개 23일이 걸리는데, 우리가 겉으로 보았을 때는 첫째 날의 달걀이나 23일째 날의 달걀이나 차이가 없다. 그러나 사실 달걀의 내부에서는 대단한 변화의 과정을 겪고 있을 것이다. 생명의 진화가 이루어지고 있는 것이다. 단지 외부에서 보았을 때는 첫째 날이나 둘째 날이나 23일째 날이나 차이를 발견할 수 없는 것처럼, 창의적 사고과정의 부화기도 이와 유사하다. 문제가 해결되지 않을 때의 휴식은 겉보기에 별다른 변화의 징후를 알아차릴 수 없지만, 사실 휴식 과정 중에 무의식이 작동되는 것이고, 무의식 과정 중에 무수한 원격연합이 이루어지게 될 것이다.

③ 조명기

어느 정도 시간이 지나면 뚜렷한 이유도 없이 해결안이 머리를 스친다. 문제해결책이 갑자기 떠오르는 시기이다. 창의적인 활동을 하는 사람이 갑작스럽게 전광석화처럼 어느 순간 문제에 대한 해결책이 떠오른다. 계속적인 부화단계를 거쳐 갑자기 나타나는 직관이나 통찰의 형태를 띠고 있다. 유레카를 경험하는 단계로서 모든 것이 한꺼번에 이해되면서 전혀 예기치도 못한 곳에서 문제가 해결된다.

④ 검증기

자신의 아이디어를 주관적으로 조사하고 최종 형태로 만든다. 떠오른 해결을 검증하는 시기이다. 해법으로 떠오른 아이디어들의 타당성을 검증하고, 그 결과에 따라 완전한 아이디어로 정리하는 단계로, 이때는 개인의 주관적 아이디어의 객관적 타당화 과정을 거쳐야 하기 때문에 논리적이고 과학적인 사고가 요구된다.

위 네 단계 중 창의적인 사람들이 경험하는 흥미로운 과정은 바로 부화기이다. 창의적인 인물들의 자기보고를 검토해보면 대개 창의적인 아이디어들은 의식적인 계산과정이나 지적인 작업의 결과물이 아니라 의지가 결여된 상태, 예를 들어 잠을 자거나 휴식을 취하는 도중에 뜻밖의 결과로 나타나는 것 같다.

창의적인 인물들은 오랜 시간에 걸쳐 해답을 구하기 위해 연구와 노력을 거쳤으며, 문제가 해결되지 않을 때 모두 공통적으로 문제를 잠시 젖혀두고 휴식을 취했다는 것이다. 예를 들어, 그들은 목욕(아르키메데스)을 하거나 잠(케쿨레)을 잤으며, 또는 여행을 하던 중(아서 밀러)이었다. 그러던 중 의식과정에서 작동하지 않았던 일차과정 사고가 이루어지게 되었고, 그들은 무의식과정에서 아이디어들의 무수한 원격연합들이 일어나게 되어, 그 결과 창의적인 아이디어를 얻게 되었다고 해석할 수 있을 것이다.

> "좋은 직관은 피곤할 때와 서재에 있을 때는 나타난 일이 없었다. 먼저 문제를 여러 가지 각도에서 연구하지 않으면 안 된다. 그리고 이를 사실에 정통해서, 적어둘 필요 없이, 머릿속에서 그 사이를 왔다 갔다 하고 달릴 수 있어야 한다. 이것은 오랫동안 노력 없이는 도달할 수 없는 단계이다. 그래서 신체적으로 한 시간 동안 완전히 휴식하면, 통찰력이 우러나오는 것이다. 더욱이 가장 좋은 생각의 몇 가지는 등산할 때나 아침에 눈을 떴을 때 떠오른다. 이 말은 확실히 과학적 방법의 중추를 이루고 있는 것이다."
>
> – 독일의 물리학자 헬름홀츠파(Helmholtz) –

(2) Gillford(1967) 창의적 사고 과정

길포드(Guilford)는 1967년 SI 모형(structure of intellect model)을 통해 수렴적 사고(convergent thinking)와 확산적 사고(divergent thinking)의 개념을 창의성과 관련하여 설명하였다. 이에 의한 결과의 산출(product)을 포함하는 세 차원으로 구성되어 있다.

수렴적 사고는 하나의 문제를 해결하기 위해 이미 알고 있던 지식들로부터 가장 적합한 답을 찾아내는 방식의 사고를 뜻하고, 확산적 사고는 하나의 문제를 해결하기 위해 정보를 광범위하게 탐색하여 다양한 해결책을 도출하는 사고방식을 뜻한다. 길포드 이후 수렴적 사고와 확산적 사고에 대한 많은 연구들이 이루어졌으며, 수렴적 사고는 지능이나 IQ, 또는 학교나 기관에서 시행하는 일반적인 시험에서의 뛰어난 수행과 관련 있는 사고방식으로 여겨지는 반면, 확산적 사고는 창의성과 밀접한 관련이 있는 사고방식으로 여겨지고 있다(최정윤, 2005).

확산적 사고에 대한 오해 중 하나는 새로운 아이디어와 혁신적인 해결책을 생성하는 것만 생각할 수 있는데, 확산적 사고는 그것 이상으로 정보를 광범위하게 탐색하고 많은 가능성을 타진해보고, 그로 인해 문제에 대한 새로운 대답을 생성하기 때문에 확산적 사고에는 '문제에 대한 민감성(문제를 인지하는 능력)', '유창성(많은 아이디어를 생성하는 능력)', '융통성(다양한 범주의 아이디어를 생성하는 능력)' 및 '독창성(독특한 연합을 생성하는 능력)' 등이 포함된다. 사람들이 자신이 창의적이지 않다고 스스로를 평가하는 경우들이 많이 있는데, 그것은 아마도 쉽게 길러지지 않는 특성 때문일 수 있다. 확산적 사고와 관련된 연구들에 따르면, 확산적 사고는 의도적인 숙련으로 쉽게 길러지지 않지만 IQ나 유전적인 요소보다는 부모의 양육 방식이나 가정환경에서 더 많이 영향을 받는 것으로 보고되고 있다.

그렇다면 수렴적 사고는 창의성과 관련이 없는 것인가? 이에 대해 연구자들은 수렴적 사고 또한 창의적 산출물을 생성하는 과정에서 중요한 요소로 작용한다. 니커슨, 퍼킨스와 스미스(Nickerson, Perkins, & Smith, 1985)는 비판적 사고와 창의적 사고가 별개의 것이 아니라 동전의 양면 같아서 실제 문제 해결에 함께 작용한다고 보았다. 창의적 산출물을 위해서는, 먼저 확산적(발산적) 사고 과정을 통해 새롭고 독창적인 아이디어를 생성한 다음, 수렴적(비판적) 사고 과정을 통해 생성된 아이디어들 중에서 최선의 아이디어를 선택해야 한다. 따라서 확산적 사고는 산출물의 독창성에 수렴적 사고는 산출물의 적절성에 기여한다고 볼 수 있다(조연순, 성진숙, 이혜주, 2008).

라. 창의적 환경 (place/press)

앞서 언급한대로, 창의성과 관련해서는 타고난 것 이상으로 창의적 사람을 자극하고 응원하고 촉진할 수 있는 환경이 중요함이 보고되고 있다. 우리에게 많이 알려져 있는 네덜란드의 후기 인상파 화가 빈센트 반 고흐와 그의 동생 테오 반 고흐도 조울증과 우울증 등을 가지며 정신적 어려움을 가졌지만 동생의 후원과 응원, 그리고 사랑으로 지지를 받으며 예술활동을 지속할 수 있었다. 테오는 형의 재능을 일찍이 알아봤고, 어려운 환경 속에서도 형이 계속해서 그림을 그릴 수 있도록 아낌없이 지원하는 든든한 조력자였다. 이 둘의 관계는 둘이 교환했던 편지로도 유명하며 이는 영화[15]나 뮤지컬[16]로도 제작되어 사람들에게 전해오고 있다.

15) 고흐, 영원의 문에서(At Eternity's Gate, 2018), 반 고흐: 위대한 유산(The Van Gogh Legacy, 2013)
16) 불꽃같던 고흐의 삶을 무대로, 뮤지컬 <빈센트 반 고흐>, 한국경제매거진, 2020년 1월 22일

"이번에 네가 다녀간 것이 얼마나 기쁜 일이었는지 말해주고 싶어서 급히 편지를 쓴다. 우리가 함께 보낸 시간은 우리 두 사람 모두 아직은 산 자의 땅에 있다는 걸 확인시켜 주었다. 너와 함께 산책을 하니 예전의 감정이 다시 살아나는 것 같았다. 삶은 좋은 것이고, 소중히 여겨야 할 값진 것이라는 느낌말이다."

– 1879년 10월 15일 고흐가 테오에게 –

앞서 말했듯 고흐는 생전에는 작품성을 인정받지 못해 팔린 작품이 한 점뿐이었기에 자신의 그림에 대한 좌절감과 회의감에 힘들어하기도 했는데, 그럴 때마다 늘 용기를 주고 때로는 따끔한 충고를 아끼지 않았던 테오가 있었기에 현재의 수많은 작품들이 남겨지게 되었다.

이렇듯 위대한 예술가, 과학 그리고 창조자, 문제해결자를 가능하게 하는 환경이 존재하는데 이것을 창의적 환경이라 하고 전경원(2000)은 창의적인 환경(creative press) 요인을 물리적 환경 요인과 심리적인 환경 요인 및 자원으로 구분하였다.

(1) 물리적 환경

물리적 환경에는 우리가 밤낮을 보내는 방과 사무실, 집 등이 포함되며, 우리가 살고 있는 도시와 지역 등도 포함된다. 예를 들어, 창도 없는 칙칙한 건물 속에서 일하고 있노라면, 기분도 우울해지고, 창의성도 없어진다. 그러나 창문이 크고, 좋은 가구가 배치되어 있는 안락한 사무실에서는 기분이 밝아질 뿐 아니라 창의성도 샘솟는 것 같다.

어떠한 물리적 환경이 창의성을 촉진시키는가에 대해서는 건축가, 공간디자이너, 산업공학 등 다양한 분야에서 연구되고 있다. 창의성을 발휘하기 위한 물리적 요인으로 적절한 온도와 조명을 고려한 안전하고 편안한 환경에서부터 심리적 안전감을 주는 잘 고안된 건축물, 공간, 음악 등 그리고 다양한 창의적 자극을 줄 수 있는 물건이 있다(전경원, 2000).

4차 산업혁명과 함께 부각된 창의성과 함께 어떻게 하면 기업의 공간을 창의적으로 만들 수 있을까는 전세계적으로 화두라 할 수 있다[17]. 세계 최대 온라인 전자상거래 기업 아마존은 7년간 40억달러(약 4조2820억원)를 투자해 자신의 기업 이름에 걸맞는 '도심 속 열대우림'인 '더 스피어스(The Spheres)'인 혁신적 업무공간을 공개하였다[18]. 스피어스 내부에는 새둥지처럼 생긴 작은 나무 회의실, 인공폭포 등이 있으며, 키 15m가 넘는 무화과나무 등

17) '아마존, 애플, 구글' 사옥을 보면 그 회사가 보인다, 컬리지인사이드, 2016년 8월 18일

18) http://realty.chosun.com/site/data/html_dir/2018/04/13/2018041302622.html

50개국에서 공수한 400여 종의 식물 4만점을 심었으며 이는 나무로 된 회의실과 시냇물, 작은 폭포도 있어 아마존 열대우림을 그대로 옮겨놓은 듯한 모습이다. 아마존에서는 이러한 자연친화적 환경과 알맞은 습도와 온도 등이 창의성과 높은 관련성이 있다는 확신으로 많은 자원을 투자하였다. 이러한 예들은 쉽게 찾아 볼 수 있는데, 창의적 환경이 무조건 창의적 산물을 내게 하는 것은 아니나 창의적 산물을 내는데 있어 창의적 환경이 중요하다는 것은 누구나 동의하고 있는 사실이다.

(2) 심리적 환경

심리적인 환경이란 창의적인 아이디어를 내고 아이디어를 산출물로 완성하기까지 지속적으로 이끌어줄 수 있는 심리상태를 의미한다. 즉 창의성 발현을 가능하게 하는 심리적 환경뿐만 아니라 지속적인 창의적 산물을 내는데 있어서 격려하고 지지하여 포기하지 않도록 용기를 북돋아주는 환경 모두를 의미한다. 심리적 환경에서 다른 무엇보다 중요한 것은 자신이 하는 일이 틀리지 않았으며, 틀려도 괜찮으니 도전할 수 있다는 심리적 안선감을 갖게 하고, 아이디어를 내거나 새로움을 도전하는데 두렵지 않으며 그것에 대해 격려를 받아 도전을 멈추지 않는 것을 의미한다.

사회적 계층에 대한 문제를 영화로 승화시켜 세계적으로 주목을 받고 있는 봉준호 감독의 창의성이 봉준호 감독의 조부모, 그리고 부모의 많은 영향력이 있었다는 것은 이미 알려져 있다. 외할아버지는 소설가이며 시인으로 알려진 문인이며, 아버지는 미대 교수이자 그래픽디자이너로 알려져 있다. 봉준호 감독의 아버지 서재에서 시중에 없던 영화, 건축, 디자인 관련 수입도서들과 같은 다양한 책을 읽으며 자랐고 어렸을 때부터 그림, 문학, 음악을 다 좋아했다고 알려져 있다. 그리고 그들의 부모님은 그가 영화감독이 된다고 했을 때, 봉준호의 부모님은 반대하지 않고 오히려 해보고 싶은 것 다 해보라며 격려를 해주셨다고 한다. 봉준호 감독은 한 인터뷰에서 자신의 아버지를 이렇게 말했다.

> "저는 어릴 때부터 만화 그리기를 좋아했고, 만화가가 되고 싶은 생각도 있었죠. 지금 영화 찍을 때 장면을 미리 직접 그려요. 저희 아버지는 저를 되게 자유롭게, 뭐를 하지 마라 별로 이런 게 없었어요. 맘대로 해라, 알아서 해라 하셨죠. 권위주의는 손톱만큼도 없었어요. 허세도 없으시고, 되게 쿨하고 유머러스하시죠."
>
> – 월간 마음사랑 봉준호 인터뷰 –

봉준호 감독의 아버지는 장편영화 감독으로 인정받기 전 단편감독일 때 재정적인 지원까지 감독 봉준호에게 지지를 아끼지 않았다. 아버지 외에도 봉준호 감독이 좋은 작품을 내기 위해서는 물신양면으로 그를 돕는 여러 사람들이 존재했을 것이다. 봉준호 감독의 페르소나로 알려져 있는 송강호를 비롯하여 〈플란더스의 개〉의 흥행 실패를 딛고 일어서게 해준 차승재 대표로 인해《살인의 추억》을 연출하게 되고 이것이 흥행이 되며 세상에 봉준호가 인정을 받게 되었다. 어떠한 이노베이터도 혼자만 창의성을 발휘한다고 성공적으로 창의적 산물이 만들어지기 어렵다. 그를 지지하는 사람들, 그리고 그로 인한 심리적 환경이 그것을 가능하게 할 것이다.

나에게 창의적이라고 느끼도록 격려해주는 사람들과 함께 있는가? 이들과 있을 때 아이디어가 더 나오고, 즐겁고, 유머가 넘치는가? 그러한 사람과 그러한 환경에 있는 것이 중요할 수 있으며, 부모나 교사, 상사의 위치에서는 심리적 환경을 조성할 수 있기 때문에 내가 그러한 심리적 환경을 조성하고 있는지도 생각해볼 필요가 있다.

3 집단지성의 창의융합적 문제해결 방법

창의성을 어떻게 하면 향상시킬 수 있을지와 관련하여 다양한 창의성 기법이 소개되어 있다. 우리가 이미 익히 알고 있는 대표적인 창의성 기법으로는 브레인스토밍이 있으며, 이외에도 여러 사람들에 의해 소개된 다양한 창의적 기법들이 존재한다. 예를 들어, 스탠포드 D스쿨에서 소개하고 있는 디자인씽킹, 1940년대 옛 소련의 과학자 겐리흐 알트슐레르 박사에 의해서 개발된 40가지 발명원리인 트리즈(Teoriya Resheniya Izobretatelskikh Zadach: 창의적 문제해결 이론의 러시아어 약자)가 있다. 본 교재에서는 여러 기법 가운데 쉽게 적용할 수 있으며 사회적 이슈의 문제 발견 및 해결을 하는데 유용할 것으로 판단되는 두 가지 방법을 소개하고자 한다. 처음으로 소개할 것은 브레인스토밍이며, 다음으로 소개할 것은 오스본의 창의적 문제해결 방법인 CPS(Creative Problem Solving)이다.

가. 브레인스토밍 기법

브레인스토밍(Brainstorming)은 BBOD라는 광고회사의 부사장이던 알렉스 오즈번(Alex Osborn)이 제안하여 1950년대에 출간된 그의 저서를 통해 널리 알려진 기법이다. 광고회사에서는 업무의 특성상 새로운 아이디어를 얻기 위한 회의를 많이 한다. 오즈번은 회의에서 보다 창의적인 아이디어가 많이 나오도록 하는 방법을 고민하다가 브레인스토밍을 고안해 냈다.

브레인스토밍은 단어 그대로를 해석하면 "뇌에 폭풍을 일으키는 것"으로 확장성을 주요한 목적으로 한다. 브레인스토밍 후 다양한 수렴적 사고방법을 통해 아이디어나 해결안을 찾아내는 것이 필요하다. 하지만 브레인스토밍은 "아이디어의 양이 아이디어의 질을 이긴다"라는 원칙 아래 아이디어가 전혀 없을 때 또는 주제를 처음 대할 때 효과적으로 사용될 수 있다. 따라서 브레인스토밍은 스노우볼 기법이라고 하기도 한다.

다양한 창의적인 아이디어를 생성해 내려는 목적을 가진 집단이라면 어떤 집단에서든 사용될 수 있다. 그리고 이 방법은 원래 여러 사람이 모여서 아이디어를 낼 때 사용되는 방법으로 제안되었지만, 개인이 혼자 아이디어를 생성할 때에도 똑같이 사용될 수 있다. 브레인스토밍의 4S 원칙은 아래 그림에 설명되어 있다.

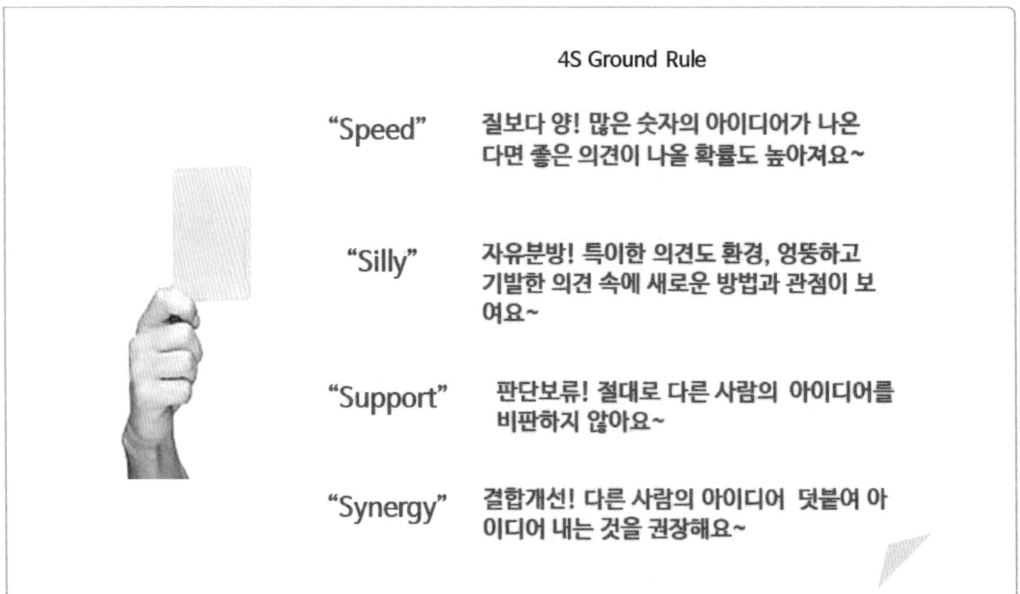

[그림] 브레인스토밍 4S 원칙

첫째는 아이디어는 많으면 많을수록 좋다는 것이다. 앞에서 언급했듯이 아이디어의 질보다는 양을 우선한다. 둘째, 아이디어를 많이 내려면 엉뚱한 생각도 표현해야 한다. 떠오르는 생각은 아무리 이상하거나 조잡하거나 엉뚱해도 표현하라는 것이다. 오히려 이상하고 엉뚱한 것일수록 더 좋다. 셋째, 이러한 엉뚱한 이야기를 했을 때 다른 사람들의 아이디어에 대해 절대 평가하거나 비판하지 말아야 한다. 마지막으로는 다른 사람들이 제안한 것을 개선하고 확장하거나 그것과 결합된 새로운 아이디어를 내놓는 것을 장려한다는 것이다. 집단에서 회의를 하면 다른 사람들의 아이디어도 듣게 된다. 그런데 다른 사람의 아이디어를 들으면 그것이 자극이 되어 또 다른 아이디어를 생각해 낼 수 있다. 이것을 집단 브레인스토밍에서의 상호 인지적 자극을 주는 것을 의미하는데, 참석자들 간에 서로 아이디어 발상의 자극을 주면, 한 아이디어가 자극이 되어 또 다른 아이디어를 생각하게 해 아이디어가 계속 생성될 수 있다.

이 네 가지 원칙에 의해서 비난과 비판없이 많은 아이디어를 생성할 수 있다. 이후 우리는 어떻게 이들 가운데 좋은 아이디어를 선별할 수 있을까를 생각해봐야 한다. 브레인스토밍을 통해 얻어진 아이디어를 정리하기 위해서 적절한 준거를 마련해야 한다. 예를 들어, 현실 가능성이 있는가? 바로 실행 가능한가? 비용은 적절하게 드는가? 등에 대한 준거를 통해 100개의 아이디어를 냈다면 5명이 모두 4개씩 선택하여 20개로 줄일 수 있으며, 이후에 다시 5명이 2개씩 골라 10개로, 최종 1명이 1개씩 골라 5개로 줄이는 방법을 통해 아이디어를 수렴할 수 있다.

나. CPS(Creative Problem Solving : 이하 CPS)

대표적인 창의성 기법인 CPS(Creative Problem Solving)는 창의적 문제해결력 증진을 위한 수업 모형으로, 1963년에 브레인스토밍의 창시자인 오스본(Osborn)에 의해 처음으로 고안되어 50년 이상 많은 사람들이 연구하고 개선해왔다. 오늘날 CPS 모형은 전 세계에서 가장 널리 사용되며 가장 좋은 연구물을 내놓는 사고 모형 중의 하나이다.

오스본이 제안한 CPS는 학자들에 의해서 여러 버전으로 소개되어 왔다. 오스본은 처음에 CPS를 '오리엔테이션 - 준비 - 분석 - 가설 - 부화 - 종합 - 확인'의 7단계로 제안하였다가 '사실 발견 - 아이디어 발견 - 해결 발견'의 3단계로 단순화시켜 교육에 적용해 왔다(Osborn, 1963). 이후 Parnes 등은 Osborn의 접근법을 '사실 발견 - 문제 발견 - 아이디어 발견 - 해결

발견 - 수용단계'의 5단계로 수정하였고, Isaksen & Treffinger(1985)는 CPS 체제를 쉽게 사용할 수 있도록 수정을 가하여 문제 이해 - 아이디어 산출 - 행동 계획 및 실행의 3가지 큰 요소에 6개의 단계를 포함시켰다. 그들은 CPS모형이 성공하기 위해서는 이전의 '발산적 사고'에 주로 초점을 맞추었던 것에서 '수렴적 사고'의 도구를 가미시켜 균형있게 사용해야 함을 강조하였다.

본 교재에서는 오스본-파네스(Osborn-Parnes)의 5단계 모형을 중심으로 사회이슈의 해결방안 모색에 적용해보고자 한다. CPS는 발산적 아이디어를 통해 새롭고 창의적 산물을 내는 다른 기법에 비해 사회적 이슈나 문제를 다루기에 적합한 기법이다. 왜냐하면 발산적으로 아이디어를 내는 과정 이전에 문제에 대한 현황파악과 분석이 선행되기 때문에 복잡하고 통합적인 사회적 이슈를 명확하게 인식하고 분석하는데 적합할 수 있다.

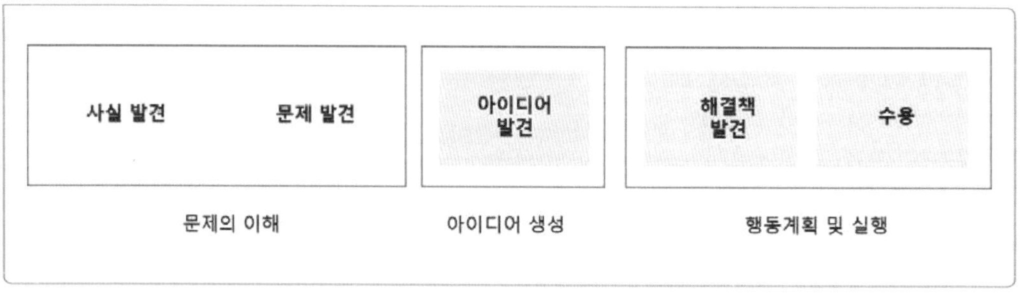

[그림] 오스본-파네스의 CPS 5단계 모델

(1) 1단계 사실 발견

우선, 사회적 이슈 또는 세상을 살아가면서 개선이 필요한 것은 무엇인지를 인식하는 것이다. 이러한 것이 불편하다, 이러한 것이 바뀌면 좋겠다, 그 현상에 대해서 알고 싶다 등과 같은 여러 질문을 통해 문제를 인식하고 호기심을 갖게 되는 단계이다.

문제를 파악하기 위해 정보를 수집하고 분석하는 단계로서, 신중하고 객관적이며 정확한 역할이 필요하고 문제상황에 대한 사실을 탐구해야 한다. 6하 원칙에 따라 그 상황에 대해 스스로 질문을 던져 이해하는 활동이다. 사회문제인 고독사로 사실 발견을 한다면, 고독사에 대한 전반적인 사실들을 확인하는 것이라 할 수 있다. 누가, 언제, 어디서, 무엇을, 어떻게, 왜 고독사에 해당되는가 등 다양한 매체, 경험, 연구, 사례를 바탕으로 사실을 발견할 수 있다.

(2) 2단계 문제 발견

다양한 관점으로부터 가능한 문제를 탐색하여 문제를 정의하는 단계로서, 해결을 하고자 하는 학습문제나 구체적인 영역을 가능한 한 깊이 생각하여 중요한 문제로 범위를 좁혀 간결하게 진술한다. 따라서 '내가 어떻게 하면 무엇을 할 수 있을까'라는 문구를 사용하여 구체적으로 자신에게 질문한다. 문제 진술은 부정적인 표현이나 사고를 억제하는 진술을 지양하고, 확산적 사고를 통해 새로운 아이디어를 발견할 가능성이 있도록 표현되어야 한다.

어떻게 하면, 어떻게 할 수 있을까와 같은 질문을 만들기 위해서는 사실 발견을 바탕으로 한 다양한 원인 파악이 이루어질 필요가 있다. 고독사는 가족, 친척, 사회에서 격리돼 홀로 떨어져 살다가 아무도 모르게 홀로 죽음에 이르러 대부분 오랫동안 시신이 방치되는 경우를 말한다. 또한 보건복지부는 고독사 위험에 가장 크게 노출된 독거노인을 대상으로 매주 안부를 확인하는 서비스를 하고 있지만, 적은 수만이 서비스를 받고 있다. 이를 바탕으로 문제 발견에 대한 질문을 한다면,

어떻게 하면 가족으로부터 격리되지 않게 할 수 있을까?
어떻게 하면 홀로 죽음에 이르지 않게 할 수 있을까?
어떻게 하면 오랫동안 시신이 방치되지 않게 할 수 있을까?
어떻게 하면 홀로 살지 않게 할 수 있을까?
어떻게 하면 아무도 모르게 하지 않을 수 있을까?
어떻게 하면 독거노인 안부 확인 서비스를 더 확대할 수 있을까?
어떻게 하면 독거노인 고독사를 줄일 수 있을까?

질문을 무엇으로, 몇 가지 선택하느냐에 따라 문제해결 방법이 달라질 것이다. 문제진술을 넓게 하면 범위도 넓어지고, 문제진술을 좁게 하면 해결방안도 좋아질 것이다.

(3) 3단계 아이디어 발견

문제 발견 단계에서 제시된 다양한 진술문에서 최종적으로 진술된 문제를 해결할 아이디어를 생각해 내는 단계로서, 일단 적합하고 작업 가능한 문제를 정리하여 문자화한 후에 가능한 많은 아이디어를 산출해야 한다. 가능한 많은 아이디어 산출을 위한 방법으로 브레

인스토밍을 활용하여 후반부에는 다시 수렴적 사고를 통해 문제 해결에 최선이라고 생각되는 아이디어를 선택하여 목록화 한다.

(4) 4단계 해결 발견

산출된 여러 가지 아이디어를 어떤 기준에 근거하여 평가하고 최선의 아이디어를 선정하는 단계로서 실천 가능성, 성공 가능성이 높은 아이디어를 고를 수 있도록 아이디어 비교기준을 다량으로 제시하여 최선의 기준으로 최선의 아이디어를 선정해야 한다. 단순히 한 가지 아이디어만을 선택하고 나머지를 버리는 것이 아니라, 문제 해결에 가장 가능성이 있다고 생각되는 아이디어를 찾는 것이다. 그 문제를 실제로 실행을 한다면 아이디어가 해결책으로 적합한지에 대한 준거에 의해 결정을 해야 한다. 고독사로 예를 들면,

예산 확보가 가능한가?
바로 시행 가능한가?
얼마나 효과적인가?
다른 사람들이 동의할 것인가?

등을 생각해 볼 수 있다.

(5) 5단계 수용 발견

아이디어가 선택되었다면 실행에 옮길 행동 계획을 세우는 일이다. 실행을 하기 위해서는 제한점을 확인하고, 그것에 대한 극복 방법을 고안할 필요가 있다.

| 참고문헌 |

- Zuckerman, H. (1977). Scientific Elite: Nobel Laureates in the United States. New York, NY: Free Press.
- 미셸 루트번스타인, 로버트 루트번스타인 저, 박종성 역, 『생각의 탄생』, 에코의 서재, 2007.
- 하준현, 『눈이 번쩍 띄는 창의력』, 시그마프레스, 2006
- 다카하시 마코토, 『창조력 사전 : 아이디어 개발과 문제 해결을 도와주는 88가지 기법』, 매일경제신문사, 2002.
- 장재윤, 박지영, 『창의성의 심리학』, 가산북스, 2007.
- 창의성 이론과 주제, 시그마프레스, 2007.
- 데이비드 이글먼, 앤서니 브란트, 『창조하는 뇌 : 뇌과학자와 예술가가 함께 밝혀낸 인간 창의성의 비밀 』, 쌤앤파커스, 2019.

PART Ⅲ

우리 사회의 여러 이슈들

PART
Ⅲ
우리 사회의 여러 이슈들

1 문화 이슈 : 세대갈등, 어떻게 극복할까? - 공존을 위한 상상력

김 은 경 | 소양 · 핵심교양학부 교수

가. '꼰대' 콘텐츠의 붐이 말해주는 것

"오케이, 부머(OK, boomer)." 2019년 11월 4일, 뉴질랜드 의회에서 25세의 녹색당 소속 클로에 스와브릭(Chlöe Swarbrick) 의원은 기후변화 대응 법안에 대해 설명하던 중 기성세대 의원이 야유를 하자 이렇게 응수했다. 베이비부머(baby boomer)는 출생률이 급증하던 제2차 세계대전 이후부터 1960년대 중반(1946년~1965년)에 태어난 사람을 일컫는다. "됐어요, 부머(꼰대)"라는 그녀의 발언에 기성세대는 연령차별주의(ageism)라고 비판했고, 밀레니얼 세대(millennial generation, millennials)는 SNS에서 관련 동영상을 공유하고 밈(meme)을 만들어내며 크게 호응했다.

'꼰대'는 아버지나 선생님 등 주로 나이 많은 남자를 가리키는 학생의 은어였다. 일제 강점기부터 사용되었을 것으로 추정되며, 1963년에 출판된 장태진의 『한국은어사전』에 처음으로 용어 설명이 등장했다. 이처럼 젊은 세대는 기성세대의 권위에 항상 도전해 왔지만, 그 저항의 망탈리테(mentalites)는 계속 변화하고 있다. 1960년 4월혁명이나 1980년대 민주화운동 시기에는 그것이 주로 정치 영역에 국한된 것이었다면, 최근에는 미디어 기술 발전에 따라 일상문화 영역으로 확장되어 다양하게 나타나고 있다. 이런 맥락에서 '꼰대'의 부활은 의미심장하다.

2019년 9월 영국 공영방송 BBC는 한국의 기성세대를 일컫는 '꼰대(GGONDAE)'를 '오늘의 단어'로 선정했다. BBC는 "이런 사람을 알고 있나요?(Do you know someone like this?)"라는 질문과 함께 '꼰대'를 "자신이 항상 옳다고 믿는 나이 많은 사람"이라고 소개했다. 그에 앞서 영국의 경제신문 『이코노미스트(The Economist)』는 "'거들먹거리는 나이 많은 사람'

이라는 한국어"라는 기사에서 '꼰대'를 소개했다. '꼰대'는 "젊은 사람의 복종을 기대하는 사람", "비판은 빠르지만 자신의 실수는 절대 인정하지 않는 사람"이라고 설명한 뒤, 최근 젊은 세대가 "나이와 성, 근속연수에 따라 직장의 위계질서가 악명 높은" 한국문화에 이의를 제기하기 시작했다고 평가했다(정혜정, 2019). 이러한 분석을 참고하지 않더라도, 권위적이고 서열중심적인 문화를 비판하는 분위기는 곳곳에서 감지된다. "Latte is horse(라떼는 말이야: 나 때는 말이야)"처럼 기성세대의 문화적 특성을 조롱하고 희화화한 신조어는 그 대표적인 예다.

'꼰대'가 소셜 미디어와 각종 문화상품에 빠지지 않고 등장하는 인기 콘텐츠로 부상한 것은 흥미로운 현상이다. '꼰대'의 대중적 소비 현상은 한편으로는 수평적 민주주의에 대한 젊은 세대의 열망을 보여준다. 다른 한편으로 이것은 세대 간 문화의 이질성이 더 전면화되고 있는 현실을 반증하는 것이기도 하다. 후자와 관련해서는 각종 여론조사에서 계층 갈등, 젠더 갈등, 이념 갈등에 이어 세대 갈등이 한국사회의 주요 갈등 요인으로 지목된 것을 보더라도 쉽게 알 수 있다. 이 글에서는 세대의 개념, 세대 갈등의 현황과 문제점 등을 살펴보고 상호공존을 위한 문제해결의 실마리를 찾아보고자 한다.

나. 세대란 무엇인가?

세대는 동일한 문화권에서 태어나 역사적 경험을 공유함으로써 유사한 의식과 행위양식을 갖는 같은 시기 출생 집단을 의미한다. 이들은 비슷한 사회적·역사적 경험을 갖는 동류집단이다. 자신이 속한 집단에서 같은 공동체의 성원이라는 소속감을 갖는 사람들끼리는 서로 연대하지만, 이와 구별되는 집단과는 다른 의식과 행동 패턴을 보인다는 것이 세대론의 핵심이다(박재흥, 2005). 세대 갈등은 한 사회에서 나타나는 여러 대립 요소 가운데 중요한 비중을 차지한다. 특히 한국사회는 일제식민지, 해방, 분단, 전쟁, 산업화, 민주화 등 급격한 사회변동을 거쳐 와서 출생 시기에 따라 사람들의 역사적 경험과 문화적 감수성의 차이가 큰 편이다. 이것은 한국의 세대 갈등이 놓인 지반이다.

세대 분류는 역사적 경험, 연령이나 생애주기, 문화적·행태적 특성에 따라 나뉜다(박재흥, 2009). 대체로 다음과 같은 분류 방식과 세대 명칭이 통용되고 있다.

첫째, 비슷한 시기에 출생한 사람들이 겪은 역사적 경험이나 시대의 특성에 따라 세대를 구분하는 방식이 있다. 대표적으로 한국전쟁세대, 산업화세대, 민주화세대 등이 있다. 이는 가장 일반적으로 많이 쓰이는 명칭이다.

한국전쟁세대는 1950년 6월에 발발한 한국전쟁을 경험한 세대로서, 주로 일제 식민통치와 해방, 분단 등 한국현대사의 거시적인 정치 변동을 몸소 겪은 층이다. 이들은 첨예한 좌우 이데올로기 대립을 직·간접적으로 체험했고, 전쟁으로 가족이나 이웃의 죽음과 부상·이산·피난 등을 경험하며 절박한 생존의 문제를 헤쳐 왔다. 이에 한국전쟁세대는 대체로 정치적으로 보수적이고 반공주의적이며, 먹고사는 생계 문제를 절대가치로 여기는 경향이 있다.

출처 : 국가기록원

[그림] 폭격으로 폐허가 된 도시와 어린이(1951년)

산업화세대는 1960~70년대 한국사회가 산업화를 추진하던 시대를 경험한 사람들이다. 이 시기 박정희 정권은 전쟁 후 재건을 마무리하고 수출 중심의 경제개발정책을 폈다. '조국 근대화'를 기치로 내걸고 내핍의 일상화와 근로의식을 고취하여 한국경제의 외형적 성장을 주도했다. 성장제일주의 사회는 개인보다 조직과 집단의 이익을, 여가나 휴식보다 노동을, 절차적 정당성보다 효율성을 신봉했다. 산업화세대는 당시 사회가 내건 가치를 중시한다.

이들은 세계에서 가장 가난한 나라 중 하나였던 대한민국이 자신들의 희생과 노력으로 '한강의 기적'을 일으켰다고 자평하고, 그에 대한 강한 자부심을 가지고 있다. 이들은 개인의 자율성이나 환경과 같은 가치보다 성장을 우선시하는 발전주의적(developmentalism) 성향이 강하다.

출처 : 국가기록원

[그림] "신속 · 정확" 표어가 게시된 작업장에서 일하는 중공업 노동자(1979년)

민주화세대는 1980년 광주민주화운동과 1987년 6·10민주항쟁을 경험한 세대로, 권위주의 독재정권에 저항해 한국 민주화에 기여했다는 성취감을 가지고 있는 집단이다. 이들 가운데 80년대 학생운동에 참여했던 사람들은 대부분 60년대에 출생한 80년대 학번이어서 '86세대'로도 불린다. 민주화세대는 절차적 정당성과 사회 정의를 중시하는 세대라고 인식되어 왔다. 흥미로운 것은 이들도 역시 미시적인 이슈보다 국가·계급·민족과 같은 거시적인 이슈를 중시한다는 점이다. 개인보다 집단이나 공동체의 이익에 더 큰 가치를 부여한다는 점에서는 현재 젊은 세대보다 앞선 세대와 유사한 측면이 있다.

출처 : 국가기록원

[그림] 시위 도중 최루탄에 맞아 사망한 고 이한열의 '민주국민장' 영결식 모습(1987년)

둘째, 생애주기와 나이에 따라 세대 유형을 분류하기도 한다. 나이에 따른 분류로는 10년 단위를 하나의 세대로 부르는 것이 가장 흔하다. '1020세대', '2030세대', '4050'세대 등이 그것이다. 나이와 동일 문화집단을 중복해서 중학생과 고등학생 연령대인 13세에서 18세까지를 '1318세대'라고 부르는 것도 비슷한 분류 방식이다. 또 생애주기 단계를 세대 명칭으로 삼기도 한다. '청년세대', '노년세대', '실버세대'가 대표적이다. 이는 생물학적이고 사회적인 성숙도에 따른 것이므로 한 개인이 성장하고 연령대가 바뀌면서 자연스레 변화한다(박재흥, 2009).

셋째, 문화 행태에 따른 특성도 세대 명칭에 반영된다. 광고 산업은 상품 판매 전략으로 세대 명칭을 창조하고 유포한다. 소비자의 소비 행태를 분석해 이를 마케팅 전략의 하나로 세대론을 부각하는 경우가 이에 해당한다. 1993년 말 광고 카피에서 처음 나타난 'X세대'가 대표적인 예다. 또 산업적 필요에 의해 만들어진 세대 명칭과 달리, 새로운 문화적 사건도 한 세대를 특징짓는 명칭으로 등장한다. 2002년 한국에서 월드컵이 열리던 때 나타난 문화 현상을 상징적으로 표현한 '월드컵세대(W세대)', '붉은악마세대(R세대)', '광장세대' 등이 그것이다(박재흥, 2009).

다. 세대갈등의 요인과 양상

세대 프레임에 대한 비판적인 시각도 존재한다(전상진, 2018). 비판자들은 한 세대는 동질성보다 이질성이 더 큰 집단이라고 본다. 사람들의 집합적 정체성을 형성하는 데에는 세대보다 계층이나 젠더와 같은 요인이 더 중요하게 작용한다는 것이다. 이들은 출생 시기에 따라 나뉘는 세대론으로 사회 갈등을 설명하는 것은 갈등의 근본 원인과 구조적 차별을 은폐하는 효과를 발휘한다고 비판한다. 물론 이런 주장은 타당한 측면이 있다. 한 세대를 모두 동질적인 집단으로 전제할 수만은 없다. 같은 세대라도 계층, 젠더, 인종, 종교, 출신지역, 가족 배경 등에 따라 정체성의 차이가 발생하는 것은 당연하다.

그러나 세대 프레임을 비판하는 주장은 '꼰대 vs. 안티꼰대'처럼, 일상에서 적지 않은 갈등을 빚고 있는 세대 간 문화 이질성을 과소평가하는 경향이 있다. 특히 나이에 따라 권력위계가 촘촘하게 짜인 한국사회의 독특한 문화는 세대 프레임을 떠나서는 제대로 설명하기 어렵다. 흔히 세대 갈등은 젠더나 인종과 같은 다른 요인과 결합해 나타나는 경우가 많으므로 갈등 요인을 단일하게 설명하는 방식을 지양하고 복합적으로 이해할 필요가 있다.

또 세대 프레임을 해체하면 각종 정치·사회 이슈에 대한 연령별·세대별 인식 격차를 이해할 수 없게 된다. 그리고 우리사회의 구성원이 체감하는 세대 간 소통 단절과 갈등상황도 제대로 설명할 수 없다. 〈표 1〉은 한국행정연구원이 2013년부터 2019년까지 국민 인식을 조사한 결과인데, 이것을 보면 세대 간 소통 수준이 높지 않음을 알 수 있다. 6년 동안 소통 수준에 대한 인식의 평균값은 2.5에서 2.3으로 점차 낮아졌다. 가장 눈에 띄는 것은 20~30대 젊은 층의 부정적 응답 비율이 높다는 사실이다.

〈표 1〉 세대 간 소통 수준에 대한 인식

구 분	① 전혀 이루어지지 않고 있다	② 별로 이루어지지 않고 있다	③ 약간 이루어지고 있다	④ 매우 잘 이루어지고 있다	평 균
2013년	8.5	38.5	43.3	9.7	2.5
2014년	10.6	44.0	38.0	7.5	2.4
2015년	9.0	44.5	39.6	6.9	2.4
2016년	10.3	46.2	38.0	5.5	2.4
2017년	11.0	51.4	33.7	3.9	2.3
2018년	11.6	46.7	38.3	3.4	2.3
2019년	10.1	51.0	33.5	5.4	2.3

출처 : 한국행정연구원, 『2013년~2019년 사회통합실태조사』, 2013~2018, 2020.

아래 [그림]은 2019년 세대 간 소통 수준에 대한 부정적 응답("① 전혀 이루어지지 않고 있다"+"② 별로 이루어지지 않고 있다") 비율을 각 연령별로 나타낸 것이다. 세대 간 소통이 "전혀", 또는 "별로" 이루어지지 않고 있다고 답한 19세~29세 응답자는 64.1%로 다른 연령대에 비해 높다. 30대도 64%로 20대와 비슷하다. 이는 연령에 따른 권력 위계 구조의 아래에 놓인 젊은 층이 40~50대보다 더 소통의 무력감을 느끼고 있음을 보여준다. 세대 간 소통의 벽은 그 자체로 세대 갈등의 증상이다.

(단위 : %)

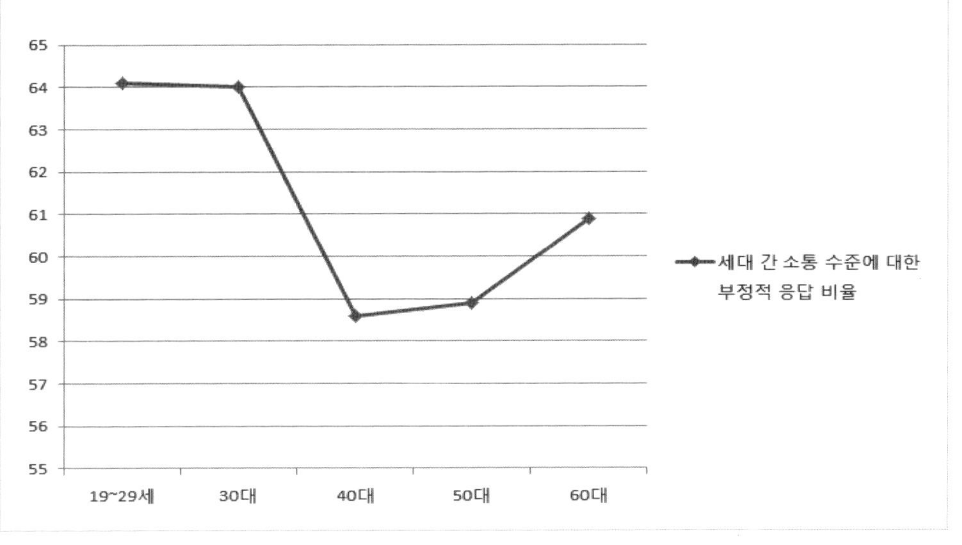

출처 : 한국행정연구원, 『2019년 사회통합실태조사』, 2020, 146쪽.

[그림] 2019년 세대 간 소통 수준에 대한 부정적 응답 비율

우리사회에서 세대 갈등은 어떠한 모습으로 나타나고 있을까? 흔히 세대 갈등은 정치, 경제, 문화 등 모든 영역에서 발생하는데, 여기에서는 대표적인 몇 가지만 살펴보기로 하자.

첫째, 선거나 주요 정치적 이슈가 등장할 때면 세대 갈등이 노골적으로 표출되는 경우가 많다. '세대'는 '지역'과 더불어 정치 갈등을 분석할 때 빼놓을 수 없는 요인이다. 특히 한국사회는 현재 정치권력에 대한 태도뿐 아니라 과거 독재정권이나 한일과거사 문제와 같은 역사적 평가와 맞물려 세대갈등이 증폭되는 특징이 있다. 대체로 젊은 세대가 진보나 중도 성향의 비율이 높고 기성세대가 보수 성향 비율이 높다. 하지만 민주화를 경험한 '86세대'가 이미 50대가 되었고, 또 신자유주의 이후 젊은 층의 보수화 경향이 커져서 세대별 정치

성향을 '젊은 세대=진보', '기성세대=보수'라고 단순화하기는 어렵다. 최근에는 사회 패러다임과 정치 지형이 다양화되고 있어서 정치 영역의 세대 갈등이 여러 요인과 중첩되어 나타나는 특징이 있다. 정치 이념의 측면에서 세대별로 보수나 진보로 나뉘는 것에 젠더 이슈가 결합되어 다시 세대별로 큰 인식 차이가 나타나고 있는 것이 대표적인 예다.

둘째, 과학기술의 발전에 따른 지식과 정보의 대중화가 세대갈등으로 나타나고 있다. 전통사회에서 연장자는 경험과 지식이 많은 사람으로 인정을 받았다. 이들은 풍부한 연륜에 기초해 지역 사회 커뮤니티에서 중요한 사안을 결정하는 역할을 했다. 연장자의 축적된 경험과 지식을 연령이 낮은 '미숙한' 젊은이에게 전수하는 것은 자연스러운 일이었다. 그런데 정보와 기술이 대중화되면서 이것의 역전 현상이 발생했다. 나이가 많은 세대는 새로운 기술을 습득하는 데 어려움을 겪으며 사회발전의 주변부로 밀려나게 되었다. 이에 반해 젊은 세대는 새로운 지식과 기술을 빠르게 습득해서 기술혁신과 발전을 주도하는 층으로 등장했다. 이로 인해 경험과 연륜이 많은 연장자의 권위가 상대적으로 하락하게 되었다. 이처럼 기술과 정보화를 둘러싼 연령·세대별 격차는 새로운 사회적 갈등을 유발하는 요인으로 부상하고 있다.

셋째, 한정된 자원을 둘러싼 분배 경쟁은 세대 갈등을 촉발하고 있다. 저출산과 고령화 현상으로 노인 인구가 많은 역피라미드형이 구조화되어 세대 갈등의 가능성을 높였다. 경제적 이익을 둘러싼 이해관계가 주된 갈등의 중심축으로 가시화된 것이다. 연금과 일자리, 복지 배분 등 사회적 자원을 둘러싼 갈등이 대표적인 사례다.

넷째, 세대 갈등은 연령과 세대에 따른 문화 차이로 발현된다. 주로 가족과 친인척의 모임이나 직장에서 이러한 갈등이 나타난다. 특히 후자의 경우 더 심각한 사회문제로 부각되고 있다. 개인과 집단, 여가와 노동에 대한 세대별 시각 차이는 직장 내 갈등의 요소로 빈번하게 등장하고 있다. 젊은 사원이 개인 약속으로 회식에 참여하지 않거나 정시에 퇴근하는 것을 당연하게 생각하고 실행하는 반면, 이를 자기만 아는 이기적인 행동이라고 인식하는 중년 간부의 갈등은 이미 잘 알려진 사실이다. 또 개인의 소견을 밝히고 자유롭게 토론하는 회의 자리에서도 이러한 세대 갈등이 반복되는 것이 현실이다. 젊은 세대에게 직장은 나의 모든 삶을 희생해서 지켜야 할 보루가 아니다. 그들은 직장 밖에서의 생활이 자신의 삶을 더 풍요롭고 가치 있게 만든다고 여긴다. 이와 달리, 기성세대는 직장의 업무와 관계를 중시하며, 그 내부의 친밀감과 조직력을 높이는 데 많은 에너지를 쏟는다. 이들은 직장의 발전이 곧 나의 발전이라고 생각하는 경향이 있다(정동훈, 2020). 이런 문화적 차이는 직장과 가족 내에서 큰 갈등 요인이 되고 있다.

라. 세대공존, 어디에서 출발해야 할까?

세대 갈등을 근본적으로 해결하는 방안을 찾는 것은 쉬운 일이 아니다. 사실 그것은 불가능에 가깝다. 또 최근에는 여러 요인이 중첩되어 갈등 양상이 다양하게 전개되고 있기 때문에 단순하고 교과서적인 해결책을 구하는 것은 무의미하다. 그렇다면 우회로를 찾는 방법이 있다. 질문을 좀 바꿔보자. 세대공존을 위해 우리는 어떤 자세와 원칙을 가져야 할까? 무엇을 해야 하고, 무엇을 하지 말아야 할까? 여기에서는 간략히 방향만 언급하기로 한다.

첫째, '세대 연대'에 대한 상상력을 발휘할 필요가 있다. 세대 연대는 서로 다른 세대가 공동의 목표를 달성하기 위해 협력하는 행위를 말한다(최유석, 2016). 아직 이와 관련해 논의가 풍부한 것은 아니지만 이미 시행하고 있는 공적연금제도와 같은 복지제도는 세대 연대에 기초한 것이다. 한편 미시적 차원에서 볼 때 부모 세대와 자식 세대의 상호관계 역시 세대 연대의 한 형태라고 할 수 있다. 인간은 가족 내 다른 연령대의 구성원들과 상호작용을 통해 다른 세대에 대한 이해와 공감 능력을 키운다. 무엇보다 자식 세대와 부모 세대는 서로 돌봄과 지원(경제적 부양, 가사, 양육, 간병 등)을 주고받으며 삶을 영위하고 있다. 이와 같은 정서적·경제적·도구적 지원 관계를 사회적인 세대 연대에 대한 상상력으로 확장할 필요가 있다.

둘째, 공정과 정의의 관점을 잃지 말아야 한다. 세대 갈등을 해소하려는 노력이 수직적인 권위주의에서 수평적인 민주주의로 나아가는 디딤돌이 되게 하려면 이 원칙을 굳건히 지켜야 한다. 공정과 정의를 실천하는 첫걸음은 특정 세대를 비하하거나 혐오하는 행위를 멈추는 것이다. 혐오발화와 낙인찍기는 극단적인 차별과 배제 행위다. '꼰대 선배'라는 말을 대학생이나 심지어 중학생끼리 사용하는 것을 보면 '꼰대'의 권위주의적 특징이 '나이 든 사람'에게만 해당되는 것이 아님을 알 수 있다. 따라서 나와 다른 세대의 특성을 공격하고 혐오하기보다 그것을 나를 성찰하는 거울로 삼는 태도가 필요하다.

셋째, 세대갈등은 절대악이 아니라 사회 발전을 위한 긍정적인 에너지가 될 수 있다. 민주주의 사회에서 갈등을 표출하고 그것을 해결하는 것은 그 자체가 참여 민주주의를 실현하는 과정이다. 따라서 세대 간에 발생하는 차이와 충돌은 '포스트 민주주의시대'의 민주주의를 한층 성숙하게 만드는 기회가 될 수 있다. 이를 위해서는 세대마다 다른 경험과 문화 차이를 인정하는 것이 전제가 되어야 한다. '인정'은 단지 그것을 승인하는 행위가 아니라 상대방을 존중하는 것을 말한다. 차이를 존중하는 태도는 차이를 공격의 무기로 사용하는 대신, 비폭력적으로 갈등을 줄이는 길을 열어줄 것이다.

마. 정리와 요약

세대는 비슷한 사회·역사적 경험을 공유하고 비슷한 인식과 행동 성향을 갖는 동일한 문화 집단을 말한다. 자신이 속한 집단 내에서 같은 공동체의 일원이라는 소속감을 갖는 사람들이 서로 연대하고 이와 구별되는 집단과 다른 행동 패턴을 보인다는 것이 세대론의 핵심이다. 하나의 세대에 속한 사람들은 서로 동일한 정체성을 가지며 연대하지만 그렇지 않은 경우에는 서로 갈등하거나 대립하게 될 가능성이 높다. 이러한 갈등은 한 사회에서 나타나는 여러 대립 요소 가운데 중요한 부분을 차지한다. 세대갈등이 세대공존으로 나아가기 위해서는 연대와 정의, 공정함의 가치를 중시해야 한다. 또한 세대 간 서로 다른 경험과 문화적 차이를 인정해야 한다. 단지 차이를 인정하고 승인하는 것을 넘어 서로 차이를 좁힐 수 있는 소통 방안을 찾아야 한다. 나와 타자의 차이를 존중하는 태도는 평화롭고 민주적인 사회를 만들기 위한 출발점이다.

토론하기

세대 갈등이 정치·사회적인 문제로 나타나는 양상을 조사하고 이를 최소화할 수 있는 방안이 무엇인지 토론해 보자.

- 세대 갈등은 어떤 사회 문제로 나타나고 있을까?
- 세대 간 연대와 긍정적 상호작용의 사례를 찾아보자.
- 다른 세대의 경험과 차이를 이해하기 위한 방법을 고민해 보자.

| 참고문헌 |

- 박재흥, 『한국의 세대 문제: 차이와 갈등을 넘어서』, 나남 출판, 2005.
- 박재흥, 「세대명칭과 세대갈등 담론에 대한 비판적 검토」, 『경제와 사회』 81, 2009.
- 전상진, 『세대게임: '세대 프레임'을 넘어서』, 문학과 지성사, 2018.
- 정동훈, 「신년기획: 세대공존, 함께 만드는 사회」, 『아시아경제』, 2020년 1월 6일.
- 정혜정, 「BBC가 소개했다 … 재벌·갑질 이어 해외 진출한 韓은어 '꼰대'」, 『중앙일보』, 2019년 9월 24일.
- 최유석, 『세대 간 연대와 갈등의 풍경』, 한울 아카데미, 2016.
- 한국행정연구원, 『2013년~2019년 사회통합실태조사』, 2013~2018, 2020.

| 참고영상 |

- EBS 다큐프라임, <민주주의 2부: 갈등의 긍정성>
  https://www.youtube.com/watch?v=ouequbj5ToY
- SBS 특집 다큐멘터리, <OK, 꼰대>
- https://programs.sbs.co.kr/culture/sbsdocum/vod/52256/22000383064?type=tv&cooper=nhn

2 문화 이슈 : 건강불평등 - 아프지 않을 수는 없지만 나눌 수 있을까

문 경 덕 | 소양·핵심교양학부

가. '핏빛 임진강' 뉴스

2019년 11월 12일, 선홍빛 임진강 지류 사진이 대한민국 온라인 포털을 달궜다. "돼지 사체," "핏물"을 키워드로 내세운 기사[19]는 '실시간 공유 1위' 뉴스로 떠올랐다. 구제역이 발생하면 어김없이 가축 살처분을 둘러싼 논쟁이 따랐지만, 이처럼 국민적 관심이 뜨겁게 쏠린 적은 없었다. 가축의 피비린내 나는 고통에 대한 연민이 2019년에 유독 커졌을까? 아마도 기사에서 언급한 "상수원 오염 가능"이 식수 안전성, 즉 내가 마실 물에 대한 사람들의 불안 스위치를 켰기 때문일 것이다.

[그림 1] © Erik Johansson / erikjo.com

19) "산처럼 쌓인 돼지 사체 4만 마리 … 임진강 핏물로 변했다," 중앙일보, 2019년 11월 12일.

위 에피소드는 에릭 요한슨의 작품, "임박한(Imminent)"(2016)을 떠올리게 한다. 목가적 풍경 속 마을 위로 거대한 구체가 서 있다. 일단 굴러 내리기 시작하면 누구도 피할 수 없을 위협일진대 일상은 흘러간다. 작가는 위기를 인지하더라도 '나의' 생존 문제로 '임박'하기 전에는 무관심한 사람들을 빗댄 듯하다. 한국 사회에서 아픔의 문제도 종종, 상존하기에 익숙한 풍경으로 관조되어오지 않았는가?

이 절에서는 이런 문제의식을 가지고, 우리 사회의 건강불평등 문제를 다뤄보고자 한다. 먼저 건강, 아픔과 고통을 사회적 관계의 문제로 접근하고자 한다. 나아가 건강불평등 문제의 진단과 해법에서 사회문화적 맥락의 고려가 중요함을 사례를 통해 살피겠다. 1995년 시카고 폭염에 대한 분석과 '건강의 동반자들(Partners in Health, 이하 PIH: 최빈 개발도상국에서 보건 시스템을 강화, 보건평등을 지향하는 비영리단체)[20]'이 개발한 '동반자 제도'가 그 두 사례이다. 이로써, 타자의 고통이란 주어를 바꿔 나와 내 공동체에도 '임박해 올' 연결된 문제라는 공감을 촉구한다.

나. 건강 신드롬 사회, 불편한 아픔의 이야기

21세기 한국 사회에서 '잘 먹고 잘 살기'의 관심과 실천은 건강 신드롬 수준에 이르렀다. 초콜릿 복근, 젊은 혈관나이나 치아미백은 자기계발이라는 도덕적 의무로 추구된다. 반면, 높은 BMI 수치, 관상동맥질환이나 부식치아는 관리의지의 결여이자 자아의 실패로서 죄책감을 수반한다. 이처럼 건강은 개인 차원에서 '성취, 관리대상이자 자원'으로 다뤄지는 경향이 있다. 그런데 건강을 단순히 생의학적 관점에서 '질병 없는 상태'로만 정의하기는 어렵다. 건강은 동시에 개개인을 공동체와 연결해주는 문화적 개념이기 때문이다(McMullin, 2010). 질병 또한 차별과 위계라는 불평등한 사회적 관계가 인간의 몸에 남긴 상처에 비유된다(김승섭, 2017).

건강에 대한 전자의 관점, 즉 개인 책임을 강조하는 관점은 정치경제적 요인과 사회구조적 조건들이 어떤 이들을 더 질병에 취약하게 내몬다는 사실을 놓치게 한다. 반면, 또 다른 누군가에게는 "그 위험을 면제받을 수 있는 사회적, 정치적, 경제적 권력이 있다"(폴 파머 외, 2014:32). 공기를 예로 들어보자. 미세먼지와 도시의 열기를 품은 스모그는 베이징 하늘을

---

20) "Partners in Health"에서 'Health'를 집단의 건강 개선에 초점을 두며, 치료뿐 아니라 예방, 재활, 관리까지 포괄한다는 의미에서 '보건'으로 옮길 수 있지만, 여기서는 '건강'으로 통일해 썼다.

‘균등’하게 덮는다지만 그 영향은 ‘불균등’하게 미친다. 부유한 아이들은 에어 돔 씌워진 학교 체육관에서 운동하고 공기정화기 갖춘 초고층 아파트에 살면서 보다 효율적으로 ‘나쁜 공기’를 차단시킬 수 있다. 반면 대로변에 살던 8살 아이는 세계 최연소 폐암 환자로 등록되었다[21].

여름철이면 찾아오는 폭염도 마찬가지이다. 흔히 기후변화에 따른 자연재해의 프레임 아래 논의되지만 그로 인한 죽음이 모두에게 불가피하지는 않다. 누군가는 살아남고 누군가는 쓰러지기에 폭염은 문화적 사건이자 비극적 사회극이다(Klinenberg, 2002). 다음에서 1995년 시카고 폭염에 대한 에릭 클라이넨버그의 ‘사회적 부검(social autopsy)’을 예로 들어, 불평등한 여름에 대처하는 방안을 함께 고민해보기로 하자.

다. 사례1 : 1995년 시카고 폭염 – 양산을 함께 쓰는 방법

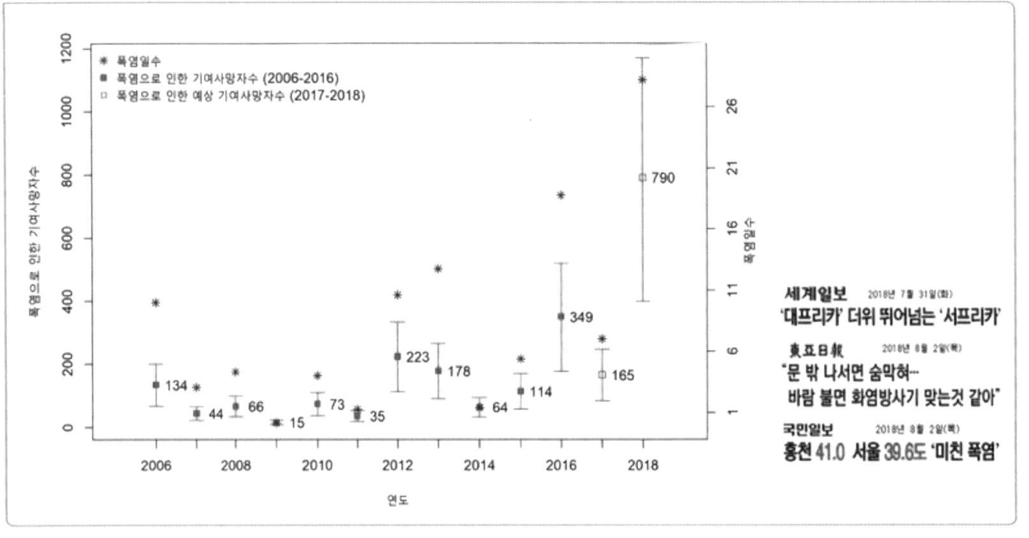

[그림 2] 연도별 폭염으로 인한 초과 사망자수

한국의 2018년 여름은 푹푹 쪘다. 폭염일수 31.4일, 폭염지속일수 18.1일이라는 기록을 두고 기상청에서 발간한 『2018 이상기후보고서』는 ‘이례적’이라 표현했다. 같은 해 8월, 2002년 초판되었던 『Heat Wave: A Social Autopsy of Disaster in Chicago』[22]가 『폭염

21) https://www.nationalgeographic.com/news/2013/11/131108-lung-cancer-childhood-china-pollution-eight-year-old-girl/ (2020년 1월 20일 검색)

사회: 폭염은 사회를 어떻게 바꿨나』라는 제목으로 출간되었다. 한국 사회에서도 "매년 반복되는 불평등한 여름의 비극(김승섭, 2017:23)"에 대한 관심이 고조되던 시기인지라, 기막힌 출간 타이밍이었다.

1995년 7월, 시카고도 뜨거웠다. 체감온도 52도를 넘는 더위는 시체안치소로 주검행렬을 밀어 넣었다. 주검은 보관 가능 한계치인 222구를 훨씬 넘어섰다. 시신은 주차장 냉동탑차에 임시 보관되었다. 465명? 739명? 7월 14일부터 20일까지의 폭염 관련 "초과사망(excess death)[23)]" 추정치는 큰 편차를 보였다. 왜일까? 시카고의 정치 관료들은 공식적인 사망자 수를 최소화하고 '기상재해'임을 강조함으로써, 이 재난이 정치적이고 구조적인 실패라는 비난을 모면하고자 했다. 하지만, 빈곤의 지리와 겹치는 사망자의 패턴은 '과연 날씨 때문만 일까?'의 질문을 품게 했다. 희생자 대부분은 가난하고, 고립되고, 나이 들었다. 이들은 에어컨 없는 꼭대기 층에서 도움 요청조차 못 한 채, 혹은 요금 체납으로 전기가 끊긴 채 무자비한 폭염과 싸웠다. '혼자 늙어가기(Aging alone)'가 '혼자 죽어가기(Dying alone)'로 이어지는 비극적 상황이었다. CDC(미국질병통제예방센터)의 역학조사 결과, 사망원인으로 '사회적 고립'이라는 괴저가 확인되었다. 클라이넨버그(2018[2015])는 어떠한 장기가 곪았는지 사회적 부검을 시도했다.

그는 시카고 서부, 노스론데일(North Lawndale, 이하 NL)과 사우스론데일(South Lawndale, 이하 SL)을 비교분석했다. 폭염으로 인한 10만 명당 사망률이 전자는 40명, 후자는 4명이었다. 단순히 빈곤 및 고립이 사망의 원인이라면, 어찌하여 인구통계학적으로 유사한 두 인접 커뮤니티의 사망률이 10배나 차이 날까?

에어컨 구비 유무나 피부색 문제가 아니었다. 클라이넨버그(Ibid.:14)에 따르면, NL 사람들이 폭염에 취약했던 것은 흑인이거나 가난해서가 아니라 공동체에 방치 당했기 때문이었다. SL 노인들은 은행, 상점, 교회 등으로 나와서 공동체라는 안전망 아래에서 보호받았다. 반면, NL 노인들은 범죄의 표적이 될까 두려워 찜통더위에도 창문을 꽁꽁 걸어 잠갔다. 지역경제가 무너지자 활기를 잃은 공공장소, 마약상과 전과자가 우글대는 거리, 불안정한 치안과 그로 인한 공동체의 쇠락이 이들을 (비)자발적 칩거로 이끈 것이다.

위 분석은 폭염에서 물리적 기반 시설(전력망, 교통망, 재난예보 시스템, 도시설계 등)

---

22) "2006~2018년 폭염으로 인한 초과 사망자 추정(임연희, 이현지, 홍윤철, 2019)"

23) "어떤 특정한 노출로 인한 사망자 수가 그 특정한 노출이 없었을 때 기대되는 사망자보다 더 많이 발생한 사망자 초과분(임연희, 이현지, 홍윤철, 2019:1436)"

이나 개인 차원의 노력 이상으로 공동체 네트워크가 중요함을 여실히 보여준다. 실제 4년 뒤 시카고를 다시 강타한 1999년 폭염으로 114명이 사망했지만 1995년 당시 700여 명에 비한다면 현격하게 감소한 수치이다. 시카고 시는 1999년 7월, 수백 명을 파견하여 취약계층 3만 명을 가가호호 방문하였다. 또한 교회와 시민단체 등 시민사회 채널을 총동원해서 친구, 가족, 이웃이 서로 안부를 확인하고 돌보도록 장려했다. 이는 폭염 시 건강관리를 개인 책임으로 떠넘기는 대신 폭염을 사회적으로 유도된 재난으로 보고 공동체의 회복탄력성을 강화한 조치였다.

클라이넨버그의 저서는 우리에게 몇 가지 시사점을 던진다. 우선, 폭염을 차단해줄 양산을 선별된 소수가 아니라 공동체 성원 모두에게 고루 씌워주어야 한다는, 즉 재난으로 인한 '사회적 고통(social suffering)'은 공동의 책임이라는 의식을 일깨워 준다. 아울러, 사회 문제를 포착하여 해결방안을 모색할 때 문화적 맥락 파악이 중요함을 보여준다. 예를 들어, 클라이넨버그는 시카고에서 16개월간 집중적 현장연구[24]를 수행하며, 노인 40여 명, 지역 주민, 언론사 및 정부 부처 등과 긴밀히 접촉했다. 이들과의 심층 대화를 통해 내부자적 관점(emic view)에 접근했다. 이 방법론 덕분에 그는 언론보도나 역학조사 보고서에서 출처로 쓰인 적 없는 자료를 구축했다. 나아가 그의 접근법은 이후 재난 대응 프로그램의 설계와 적용에서 사회문화적 요인을 고려하도록 유도했다.

이어서 소개할 PIH의 사례 역시, 건강 불평등의 사회적 책임을 일깨우는 동시에 그 해법에서 사회문화적 맥락 파악과 인간 중심의 접근이 중요함을 보여준다.

라. 사례2 : '건강의 동반자들(PIH)' – 원조가 아닌 동반으로

주말에는 아이티, 주중에는 하버드대학교를 왕복하던 의대생이 있었다. 누적된 항공 마일리지가 증명하듯 그는 꾸준히 아이티에서 의료봉사 하는 와중에 의학박사학위까지 취득했다. 의료인류학자 폴 파머(Paul Farmer) 이야기이다. 그가 영양실조로 앙상한 아이티 어린이들 곁을 떠나 마이애미 공항에 도착하면, 다이어트 최신 정보를 나누는 미국인들의 수다가 들려왔다(키더, 2005). 이 극명한 대조는 세계의 불평등을 보여준다.

---

24) '필드워크(fieldwork)'는 질적 자료를 중시하는 인류학에서 전통적으로 수행해온 방법으로서 '현장연구,' '현지조사' 등으로 번역된다. 연구자는 현장연구 과정에서 참여관찰(participant observation), 일상적 소소한 대화, 심층 면담(in-depth interview), 지도 작성, 영상물 및 녹음 작업 등을 교차 수행하며 자료를 수집한다.

하지만, 어떤 이들은 '건강하거나 아픈 건 세상의 이치'라며 불평등을 외면할지 모른다. 파머(2014)가 지적한대로, '구조적 폭력(structural violence)'은 영혼과 도덕심을 마취시키며 사람들의 눈을 가리기 때문이다. 영혼이 마취된 사람들은 왜 아프리카에서는 치사율 90%의 '사형선고' 취급받는 에볼라가 유럽과 북미에서는 치료되는지 질문은 던지지 않는다. 폭염이라는 불청객이 유독 쪽방촌과 고시원에서 희생자를 찾아도, 영화 "기생충"(2019)에서 폭우가 반지하 집을 삼켜도 마음이 불편하지 않다. "아프리카 사람들은 '시간관념'이 희박하니 엄격한 복용 스케줄에 따라야 하는 (에이즈) 치료약이 소용없다"라는 차별적 발언에 수긍하며 고개를 끄덕거릴지 모른다.

폴 파머는 위 발언에 분노했다. 그는 건강한 삶이, '비용 대비 효과 cost-effectiveness'라는 시장 논리에 따라 차등 분배하는 상품이 아니라 인간의 기본권이라 믿기 때문이다. 그는 하향식 일방향을 연상시키는 '원조(aid)'라는 표현을 거부한다. 대신 건강 증진이라는 목표를 향해 나란히 가는 '동반자(accompaniment)' 정신을 강조한다.

다큐멘터리 "세상을 바꾸는 힘 Bending the Arc"(2017)는 파머가 공동설립한 PIH의 동반자 제도를 잘 묘사하고 있다. 여기서 동반자는 단순히 환자들에게 약품을 나눠주거나 보건 실태를 조사하는 요원 그 이상이다. 아이티 현지어로 '아꼼빠니에또(accompagnateurs)'(파머, 2014:323)[25]인 동반자는 의료기관과 지역공동체 사이의 연결고리를 튼튼하게 해주는 통역자이다. 예를 들어, 그들은 결핵 환자들의 집을 (진단 받은 후 첫 한 달 동안) 매일 방문하여 투약 준수여부를 확인하고 투약의지를 북돋아주거나 수다를 나눈다. 설거지도 대신 해주고 영양 보충 물품을 전달하는 등 포괄적인 지원을 담당한다. 특히 이들 대다수가 현지 언어를 구사하고 현지 문화에 정통한 내부자이기 때문에 환자들의 실제적 고충에 민감히 반응한다. 도움 받았던 이는 다른 누군가를 도움으로써 경계(환자/치료자, 수혜자/기부자)를 무너뜨리며 선순환을 일으킨다.

이처럼 지역적 맥락과 현지의 문화를 파악하고 수직적 집중이 아닌 수평적 동반을 시도했기에 PIH가 개발한 결핵 통제 프로그램은 높은 성공률을 보일 수 있었다(파머 외, 2014).

2020년 현재에도 PIH는 전염병에 특히 더 취약한 사회에서 동반자 모델을 적극 활용하여 코로나 팬데믹에 대응하고 있다[26]. 구체적으로는 지역 보건 노동자들의 네트워크를 활용해서 COVID-19 환자에 대한 역학조사를 수행하고, 2주간의 자가격리 및 지역사회 전파를

25) 폴 파머, 박종근 옮김, 2014, 『세상은 이렇게 바꾸는 겁니다』, 골든타임, 323쪽.

26) https://www.pih.org/pages/coronavirus-full-response 참조

최소화하는 방역수칙을 안내하게 한다. 국민 절대적 다수가 스마트 기기를 소지하고 보건 인프라가 잘 갖춰진 대한민국 사회와 달리, 전염병에 상대적으로 더 취약한 사회에서는 코로나 양성 반응이 '사형선고'일 수 있다는 점을 생각하면 PIH의 이런 노력이 단지 감염병뿐 아니라 불평등에 대한 사회문화적 백신이자 치료제가 아닐까 한다.

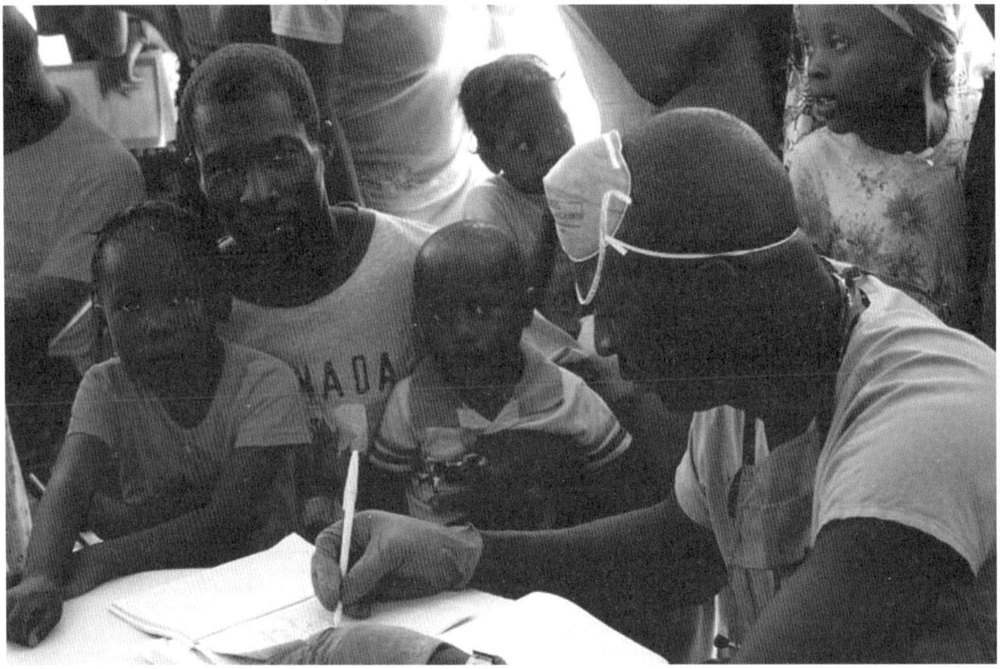

[그림 3] 아이티의 수도에 설치된 PIH의 의료시설에서 문진 받는 가족

https://commons.wikimedia.org/wiki/File:Haiti_0110_AMarx-274-EJF.jpg, Cjmadson / CC BY-SA 3.0

마. 나가며 : '임박한' – 아픈 너는 내가 될 수 있다

의료인류학자 김관욱(2018: 6)은 2016년 구의역 승강장 사고로 사망한 청년을 추모하는 문구를 빌어 "힘없는 너는, 그래서 아픈 너는, 곧 나"라고 말한다. 아픔이 불평등에서 비롯되기도 하며, 타자의 아픔이 곧 나에게도 임박할 수 있다는 인식은 건강 불평등을 보는 시각을 변화시킬 수 있다. 건강함이나 아픔을 오롯이 개인의 몫으로 떠미는 대신, 사회적 부검과 수술을 요하는 공동체적 문제로 재정의해주기 때문이다.

"아픈 네가 될 수는 없지만, 아픔을 외면하지는 않는다." 오래 누적된 구조적 폭력의 무게를 이겨내고, 주변부의 가난이 질병이 되는 악순환을 단번에 끊어내긴 어렵겠지만 "힘없는 너, 그래서 아픈 너는 내"가 될 수 있다.

생각해보기

다큐멘터리 "Bending the Arc(세상을 바꾸는 힘)"(2017)에는 제목처럼 세상을 바꾼 젊은이들, 폴 파머, 김용(前 세계은행총재) 그리고 오필리아 달이 등장한다. 결핵이 창궐하던 아이티의 캉주에서 처음 만난 세 친구는 "모두에게 평등한 치료"라는 신념을 모아 1987년에 PIH를 설립했다. 이후, 보건 시스템이 부재한 세계 최빈국에서 가난한 사람들도 치료받을 권리를 실현시키려 이들은 헌신적으로 노력해왔다. 제시한 다큐멘터리를 감상한 후, 웹사이트(https://www.pih.org/)를 방문해서 PIH의 비전과 지향이 지난 30여 년간 구체적으로 어떻게 실현, 실천되어 왔는지를 살펴보자.

읽을 거리

아프리카 국가들에 에이즈 신약을 보급하는 정책에 반대하는 고위 관료의 발언에 주목해서 아래 인용을 읽어 보자.

[A] 국제보건 분야에서 치료의 비용-효력이 없다는 말은 대개 가난한 환자들에 대한 불편한 대화를 끝낼 때 들먹이는 수단입니다. 2001년 4월 29일 '뉴욕타임즈New York Times' 6면에 실린 기사에서 미 재무부의 한 고위 관료는 에이즈 치료약을 가장 절실히 필요로 하는 국가에 보급하는 정책에 반대했습니다. 그 관계자는 **"아프리카 사람들은 '시간관념'이 희박하기 때문에 엄격한 복용 스케줄을 따라야 하는 치료약이 소용없다는 주장을 펼쳤다."**고 기사는 전했습니다. 반론을 제기해야 할 많은 이들이 강력한 마취 상태에 빠져 있기 때문에 대화는 거기서 끝나버립니다. (파머 2014: 49)

1995년 시카고 폭염에서 아프리카계 미국인보다 라틴계 미국인의 사망률이 낮은 이유에 대한 문화적 설명을 소개해본다.

[B] 라틴계 미국인(Latinos) 대다수가 최근까지 남아메리카 기후에서 살았기 때문에 더위에 익숙해서 대처하는 법을 잘 알기 때문이라는 것이다...(중략)...생리학적으로 라틴계가 더위를 잘 견딘다는 점이다. "자연스럽게 더위를 저항하는 능력이 생긴 것 같아요. **피부나 유전자에 더위를 잘 견디게 하는 무언가가 있는 게 아닐까** 싶습니다." 라틴계 정보 제공자 중 한 명이 내게 말했다. (클라이넨버그 2018[2015]: 167)

이야기 나눠보기

- [A]와 [B]에서 인용된 두 화자는 모두, 문화적 편견으로 현상을 왜곡한 채 건강을 개인의 문제(피부색, 유전, 습관, 기질 등)으로 축소시키고 있다. 그럼으로써 건강 불평등 이면에 작동하는 정치경제적이고 사회문화적 요인들을 놓치게 한다. 여러분도 유사한 경험을 해 보았거나 목도했는가? 우리 주변에서 구체적인 예를 더 찾아 이야기 나눠보자.
- [A] 폴 파머는 의대 졸업생들에게 "영혼의 마취를 극복하는 것은 지금부터 여러분이 풀어야 할 중요한 숙제"라며 각성을 촉구한다. 어떤 의미일까? 만약 파머의 비유처럼 우리의 영혼과 도덕성이 마취된 상태라면, 무엇이 우리를 타인의 고통과 불평등의 문제에 무감각하게 만들었는가? 우리는 어떠한 건강 불평등의 문제를 놓쳤으며, '마취를 풀기' 위해서 어떤 노력이 필요할까?

| 참고문헌 |

- 임연희, 이현지, 홍윤철. 2019, "2006~2018년 폭염으로 인한 초과사망자 추정", 『건강과 질병』, 12(37):1435-1441.
- 김관욱, 2018, 『아프지 않았으면 좋겠습니다』, 인물과 사상사.
- 에릭 클라이넨버그, 홍경탁 옮김, 2018, 『폭염사회』, 글항아리.
- 김승섭, 2014, 『아픔이 길이 되려면』, 동아시아.
- 폴 파머, 박종근 옮김, 2014, 『세상은 이렇게 바꾸는 겁니다』, 골든타임.
- 폴 파머 외, 김아림 옮김, 2014, 『국제 보건 실태의 재조명』, 생각과 사람들.
- 트레이시 키더, 박재영 옮김, 2005, 『작은 변화를 위한 아름다운 선택』, 황금부엉이.
- McMullin, Juliet, 2010, The healthy ancestor: embodied inequality and the revitalization of native Hawaiian health, Routledge.
- Singer, Merill, and Hans Baer, 2007, Introducing medical Anthropology: A Discipline in action, AltaMira Press.
- Kleinberg, Eric, 2002, Heat Wave: A Social autopsy of disaster in Chicago, The University of Chicago Press.

| 참고영상 |

- 다큐멘터리 "세상을 바꾸는 힘 Bending the Arc"(2017)

3 문화 이슈 : SNS 문화와 우리에게 발생한 새로운 문제들

김 지 혜 | 소양 · 핵심교양학부

가. SNS란 무엇인가?

SNS란 Social Network Service 혹은 Social Network Site의 줄임말로 '인터넷이 가능한 매체'[Network]를 통해 '소통'할 수 있는 모든 것을 이야기한다. 현재 통용되는 SNS는 매우 다양하게 분포되어 있는데 대표적으로 페이스북, 트위터, 인스타그램, 카카오스토리, 유튜브 등을 꼽을 수 있다.

나. SNS가 문화 현상으로 자리잡기까지

현재 이렇게 다양한 SNS가 사용되게 된 것은 스마트폰의 발달과 밀접한 관련이 있다. 앞서 SNS의 정의에서 확인한 것과 같이 SNS는 '인터넷이 가능한 매체'를 수단으로 하고 있기 때문이다. 즉, '인터넷이 가능한 매체'의 발달이 있었기 때문에 SNS도 발전할 수 있었다.

오른쪽의 그림은 1997년부터 2006년까지 개시된 SNS 서비스들을 연도별로 정리한 것이다. 이 그림을 보면 1997년부터 시작된 SNS 서비스가 2003년에 폭발적으로 증가하였음을 확인할 수 있다. 그리고 이 시기 여러 SNS 서비스가 갑자기 많이 만들어진 것은 SNS를 사용하는 소비자가 급증했기 때문이다. 그리고 이와 같은 사실은 SNS를 할 수 있는 주요 매체인 스마트폰의 발생과 깊은 관련이 있다.

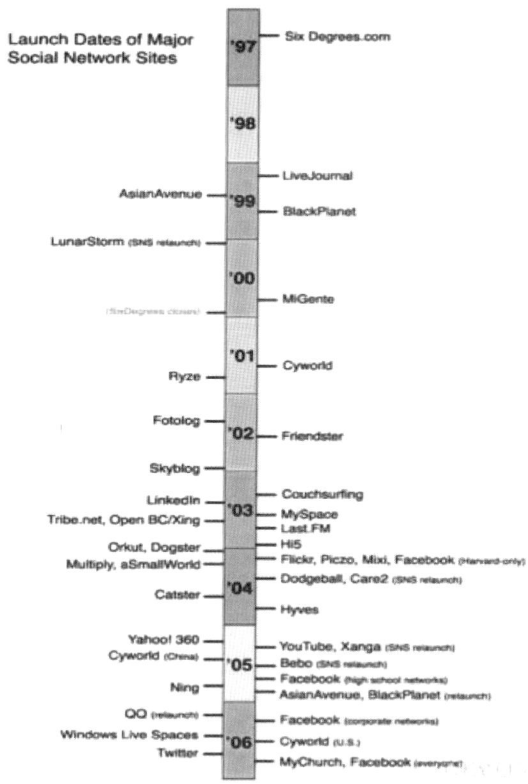

출처 : 보이드와 엘리슨(Boyd & Ellison, 2007)

[그림] SNS 서비스들의 개시 시점

물론 SNS가 스마트폰만을 주요 수단으로 하는 것은 아니다. 스마트폰이 만들어지기 전부터 SNS는 컴퓨터를 수단으로 하여 사용되었기 때문이다. 그러나 컴퓨터를 사용하여 SNS를 하는 것은 장소·시간에 대한 제약을 가지고 있었던 반면 스마트폰은 이런 제약에서 자유롭게 해 주었고 이는 곧 SNS의 급속한 발전으로 이어질 수 있었다.

이렇게 스마트폰의 보급과 SNS 사용이 시너지를 이루면서 특히 한국 사회에서는 눈부신 SNS 발전이 이루어졌다. 2018년 전세계를 대상으로 한 리서치 결과[27]에 따르면 우리나라의 인터넷 및 스마트폰 사용 비율이나, 주기적으로 인터넷을 쓰거나 스마트폰을 소유한 성인 비율이 단연 세계 최고였고, SNS 사용 비율도 높았다. 즉, 이 결과를 통해 보면 현재 한국 사회는 바야흐로 전국민이 SNS를 통해 소통하고 있고, SNS 사용은 지금 우리 사회에서 하나의 문화 현상으로 자리잡았음을 알 수 있다.

다. 왜 우리는 지금 SNS를 이야기해야 할까? : SNS의 명과 암

SNS를 대표적인 커뮤니케이션의 도구로 사용하는 것이 일반적인 문화인 지금, 왜 굳이 SNS에 대한 이야기가 더 필요한 것일까?

초창기 SNS는 일부 특정인들만 이용하는 문화였다. 즉 스마트폰 보급 이전의 SNS는 일부 사용자들에게만 한정된 '특별한 문화'였던 것이다. 이에 따라 이용하는 사람들의 수도 많지 않았다. 그러나 이제는 스마트폰 사용자라면 누구나 SNS를 이용할 수 있는 것으로 문화지형이 변화하면서 SNS는 이제 일반적인 문화로 자리잡게 되었다.

즉, '다수의 사람들'이 SNS를 통해 '많은 커뮤니케이션'을 하게 된 것이다. 그리고 이렇게 많은 사람들이 모여 소통하게 되면서 SNS에는 여러 문제들도 발생하게 되었다. 여기에서는 대표적인 두 가지 문제를 살펴보도록 하자.

라. 가짜뉴스의 확산

가짜뉴스는 교묘하게 조작된 속임수 뉴스를 말한다. 실제 언론 보도처럼 보이기 위해 가공하여 신뢰도를 높이는 방식으로 유포되는 정보, 정치·경제적 이익을 위해 의도적으로 언론 보도의 형식을 하고 유포되는 거짓 정보들을 가짜뉴스라고 한다.

---

27) "韓, 세계 최고 '연결사회'…인터넷·스마트폰 사용률 1위" SBS, 2018년 6월 24일.

가짜뉴스의 근본적인 문제는 사실 가짜뉴스를 만들어내는 것에 있다. 의도나 목적을 가지고 진짜처럼 보이는 가짜뉴스를 만들어 냄으로써 대중들에게 잘못된 정보를 제공하고 혼란을 주기 때문이다. 그러나 이 가짜뉴스를 무분별하게 공유·배포하는 일부 대중에게도 문제는 있다. 정보 공유를 목적으로 배포하였다고 하더라도 가짜뉴스인지 확인하지 않고 공유·배포하는 것은 사회 혼란을 가중시키는 일이기 때문이다.

그리고 이렇게 가짜뉴스가 공유·배포되고 확산되는데 있어 SNS는 매우 큰 역할을 하고 있다. 실제로 빠르고 정확하게 공유되어야 하는 사실 정보들이 SNS를 통해 공유됨으로써 순기능을 하는 경우들도 많이 있다. 전염병에 대한 안전 대책이나 천재지변으로 인한 각 지역의 피해 상황과 해결 방법에 대한 것 등 빠르게 뉴스가 확산됨으로써 문제 해결에 도움을 주는 것 등이 그것이다. 반면 확인되지 않은 가짜뉴스가 확산되면서 오해가 커지고 사회적 갈등이 심화되는 문제들의 빈도도 점차 늘어나고 있는 실정이다.

가짜뉴스 제작자를 통제하기 위한 기준과 법안은 존재하고 있으나 이를 통해 가짜뉴스를 뿌리 뽑는 것은 불가능한 일이다. 오히려 스스로 움직이고 있는 SNS의 특성상 가짜뉴스의 확산을 줄이거나 막기 위해 일반 SNS 이용자를 대상으로 하는 문제 해결 방법에 대해 고민해볼 필요가 있다.

마. YouTube의 자극적인 콘텐츠들

YouTube(이하 유튜브)는 구글이 운영하는 동영상 공유 사이트이다. 유튜브는 사용자가 영상을 시청할 수도 있고, 직접 만든 영상을 업로드 할 수도 있다. 이 때문에 다양한 유형의 동영상 콘텐츠들이 존재하고 전세계 많은 사람들이 이를 이용하고 있다. 2005년 유튜브가 처음 만들어졌을 때에는 동영상 재생이 중심이 되어 SNS로 사용되지 못했으나 이용자가 늘어나면서 동영상 제작자와 이용자 사이에 소통이 가능한 창이 생기고, 라이브 방송 시스템으로 소통이 가능해지면서 현재는 대표적인 SNS로 자리매김하게 되었다.

특히 동영상을 제작하는 유튜버(혹은 크리에이터)의 인기는 날로 높아져 유튜버(혹은 크리에이터)라는 정식 직업이 만들어지기도 했다. 유튜버(혹은 크리에이터)는 동영상을 제작하고 사람들에게 보여주면서 광고 수익을 얻는다. 유튜버(혹은 크리에이터)가 만드는 동영상의 주제는 게임 플레이, 제품이나 현상에 대한 리뷰, 브이로그, 음악 연주, 먹방, ASMR, 뷰티, 댄스, 운동 등 매우 다양하게 분포되어 있고 유튜버(혹은 크리에이터)가 잘

할 수 있는 혹은 좋아하는 것을 주제로 삼는다.

유튜브의 인기와 더불어 유튜버라는 직업이 자신이 좋아하는 혹은 잘하는 것을 동영상으로 만들어 올리고 수익까지 창출할 수 있다는 것이 알려지면서 많은 유튜버(혹은 크리에이터)들이 등장하기 시작했다. 그러나 여러 동영상 콘텐츠의 범람으로 인해 이용자들의 이목을 끌기 어려워지자 몇몇의 유튜버(혹은 크리에이터)들이 '자극적인 콘텐츠'를 만들기 시작하면서 문제가 발생했다.

해외의 키즈채널을 표절한 국내 키즈채널들이 생겨나기도 했고, 키즈 동영상을 찍기 위해 아동학대가 일어나기도 했다. 또 청소년들도 볼 수 있는 영상에서 청소년에게 유해한 선정적 광고가 붙거나 비속어를 빈번하게 사용하는 유튜버(혹은 크리에이터), 술이나 담배, 마약 등을 소재로 한 동영상들이 만들어지는 것들도 문제로 지적되었다.

즉, 유튜버(혹은 크리에이터)의 경쟁 체재가 심화되면서 구독자를 끌어들여 수익을 올리기 위해 무분별하게 자극적인 콘텐츠들이 만들어지고 있는 것이다. 또 이런 자극적인 콘텐츠들이 청소년들에게 그대로 노출되면서 사회문제로까지 심화되고 있는 실정이다.

유튜버(혹은 크리에이터)들이 동영상을 만들고 제작하는 것은 표현의 자유에 해당한다. 또 유튜브를 통한 동영상 제작에 대해 공영방송과 같이 엄격한 통제를 하는 것은 어려운 일이다. 그러나 유튜브가 가장 보편적인 SNS로써 우리 사회 문화 형성에 역할을 하고 있다는 사실을 떠올린다면 이러한 자극적인 콘텐츠 제작을 막을 수 있는 방법에 대해 고민해 볼 필요가 있다.

바. 이 문제들을 어떻게 해결할 수 있을까?

앞서 SNS 문화로 인해 발생한 여러 문제 가운데 대표적인 두 가지 문제를 살펴보았다. 두 가지 모두 문제를 발생시키는 '원인'이 따로 존재하지만 이를 강제적으로 통제할 수 있는 방법이 없었다. 그리고 문제들이 있음에도 불구하고 SNS는 여전히 우리 사회 소통 문화의 중요한 축으로 기능하고 있다는 것도 알 수 있었다. 즉 문제가 있다는 것을 모두 알고 있지만 'SNS'라는 거대 문화는 그대로 존속되고 있다는 것이다.

이와 같은 사실은 'SNS'라는 문화 현상은 우리 사회에 이미 큰 자리를 차지하고 있으며 이로 인해 발생한 '문제점'들은 'SNS 문화'를 유지하는 상태에서 해결되어야 한다는 것을 보여준다.

따라서 앞서 본 것과 같이 SNS로 인해 파생된 문제들에 대해서는 각 SNS에 대해 이해하고 이를 사용하는 이용자의 성격을 파악하는 것부터 시작할 필요가 있다. 현상에 대해 자세히 파악하고, 문제가 되는 부분을 도려내거나 새로운 방법을 제시한다면 이 문제들을 해결해 낼 수 있을 것이다.

토론하기

SNS 문화 현상에 대해 파악하고 문제를 해결하기 위해 다음에 대해 조금 더 생각해 보자.

- 내가 사용하는 SNS와 사용 이유
- 여러 SNS의 특징과 세대별 사용 SNS 차이의 이유

| 참고 문헌 |

- 2019년 2학기 상상력 이노베이터: 문화적 차이를 이해하는 공감력 7반 발표물: 유튜브 (고수정, 노효선, 성선옥, 홍준택)
- 2019년 2학기 상상력 이노베이터: 문화적 차이를 이해하는 공감력 E반 발표물: 가짜뉴스 (김태림, 김수진, 임은지, 최규리, 홍현진)
- 2019년 2학기 상상력 이노베이터: 문화적 차이를 이해하는 공감력 E반 발표물: 유튜브 (김영호, 김선엽, 배민성, 하영주)
- "SNS가 뭐에요?", 에마뉘엘 트레데즈, 이정주 역, 개암나무, 2018.
- "사람들은 어떻게 광장에 모이는 것일까", 마이클 최, 후마니타스, 2014.
- "유튜브 레볼루션", 로버트 킨슬, 마니페이반, 신솔잎 역, 더퀘스트, 2018.

| 참고 영상 |

- SNS의 폐해(https://www.youtube.com/watch?v=xtZg8_PXH7c)
- SNS의 폐해를 고발한다(https://www.youtube.com/watch?v=rnCzEUHlh5c)
- 가짜뉴스가 퍼지는 원인은(https://www.youtube.com/watch?v=IuMHP9s55tY)
- 왜 사람들은 가짜뉴스는 믿을까: 가짜 뉴스 뒤에 숨은 세력들 (https://www.youtube.com/watch?v=GP5WvDRiPlc)

4 사회 이슈 : 공유경제 과연 미래의 희망인가? 위기의 모델인가?

이지영 | 소양 · 핵심교양학부 교수

가. 공유경제의 정의와 대두 이유

공유경제란 2008년 미국 하버드대 법대 로런스 레식 교수에 의해 처음 사용된 말로, 한 번 생산된 제품을 여럿이 공유해 쓰는 협력소비를 기본으로 한 경제 방식을 말한다. 공유경제는 쉽게 말해 "나눠쓰기"란 뜻으로 자동차, 빈방, 책 등 활용도가 떨어지는 물건이나 부동산을 다른 사람들과 함께 공유함으로써 자원활용을 극대화하는 경제 활동이다. 소유자 입장에서는 효율을 높이고 구매자는 싼 값에 이용할 수 있게 하는 소비형태인 셈이다.

예를 들어, 이사로 인해 공구가 필요해서 값비싼 공구를 사게 되었다. 하지만 이사 이후 드릴을 사용할 일은 거의 없으며 만약 사용한다고 해도 일 년에 한번 사용할까 말까 한 경우도 무척 많다. 이럴 때 누군가 드릴이 필요하다고 할 때 플랫폼을 이용하여 연락을 취하고 이를 빌려줄 때 이득을 얻을 수 있다면 빌리는 사람도 이득이 되고 빌려준 사람도 이득이 되기 때문에 자원의 활용이 극대화 될 수 있는 것이다.

따라서, 공유경제는 본래 참여하는 동인을 자신 또는 타인의 유익으로 규정하고 기존의 경제 체계(상업경제)의 반대 개념으로 제시하였기 때문에 즉 누군가 돈을 벌고 싶어서 하는 것이 아닌 그저 자신이 이득을 보고 남에게도 이득을 보게 하고 싶어서 하는 자발적 행위가 공유경제라는 것이었다. 미국 시사 주간지인 《타임》은 공유경제를 2011년 '세상을 바꿀 수 있는 10가지 아이디어'로 꼽으며 "창의적 아이디어"로 이야기하였다.

공유경제라는 단어는 우리에게 낯설지 모르지만 내가 가지고 있는 물건을 빌려주거나 나눠쓰는 방식은 그렇게 신기하거나 완전히 새로운 방식은 아니다. 도서관을 이용하여 책을 공유하는 방식, 아나바다 운동 등 우리는 이미 공유경제를 경험해왔다. 그런데 약 10년 전에 언급된 공유경제가 새로운 산업으로, 그리고 그로인해 많은 사회적 문제까지 야기하는 산업으로 언급되는 이유는 그 형태 자체가 새롭다는 점이 핵심이 아니라 지금 시대에 공유경제가 부각될 수밖에 없는 이유가 있기 때문이다.

공유경제가 이루어지기 위해서는 세 가지의 조건이 필요하다. 그것은 바로 '제품의 희소성', '제품의 내구성', '상호신뢰'이다. 희소성의 경우, 만약 물건을 사는 것이 싸다면 그 물건을 공유하고 가져오기 위해 비용이나 시간을 드릴 필요가 없다. 대량생산으로 이루어지는 제품들에 대해서는 굳이 공유하지 않고 소유하는 것이 훨씬 경제적이기 때문이다. 또한 물건을 한두 번 써서 망가진다면 그것은 공유하기 어려워진다. 다른 사람에 의해 사용되기 때문에 내구성이 갖춰진 것이어야 한다. 마지막으로 이것은 상호신뢰성이다. 만약 물건을 가져가서 가져오지 않는다면, 그 물건을 빌려줄 수 있는 사람은 없을 것이기 때문이다.

그렇다면 왜 이것이 지금 가능해졌는가? 바로 인터넷, 플랫폼의 발달과 대량생산 체계가 아닌 다품종 소량생산 시대로 지금 세계가 변화되고 있기 때문이다. 다품종 소량생산 시스템은 소비자가 요구하는 다양한 제품들을 적은 비용으로 빠르게 생산하면서 능동적으로 시장에 대응하는 시스템인데 자르고, 운반하며, 조립하는 단계별 일괄 적용되었던 기존의 제조생산 시스템 알고리즘을 벗어나 IoT로 연결된 다양한 장치를 유기적으로 통합·분석할 수 있는 지능(AI/빅데이타)을 시스템에 도입하면서 빠르게 그리고 맞춤화된 제품 생산이 가능해지고 있기 때문이다. 이러한 다품종 소량생산 체계에서는 모든 물건을 사는 것이 아니라 필요할 때 빌리거나 공유하는 것이 훨씬 경제적일 수 있다. 이에 더하여 누가 무엇을 가지고 있으며, 빠르게 빌리고, 또한 신뢰하며 빌릴 수 있는 것 또한 빅데이타와 인터넷을 통해 모두 확인하고 접속할 수 있기 때문에 향후에 공유경제는 더 확산되고 커질 것이라 전망하고 있다[28].

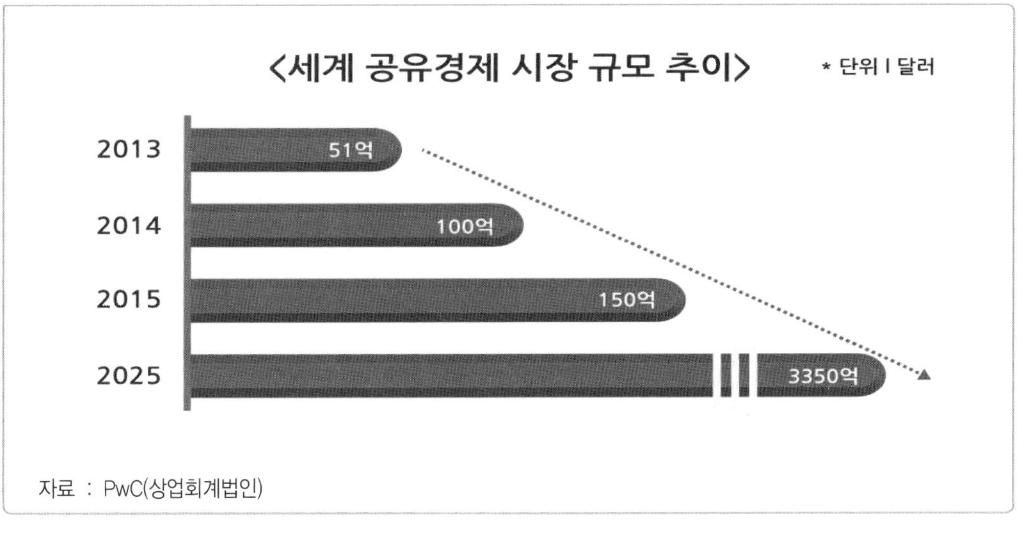

[그림] 세계공유경제 미래 전망(출처 PWC)

28) '4차 산업혁명 시대의 공유경제(The Sharing Economy)' DBR, "공유경제 확대는 대세… 틈새시장 노려야 생존"

공유경제의 모습은 다양하게 전개되고 있으며 공유경제가 성공적인 모델인가 아니면 창의적 아이디어였으나 여러 가지 문제로 확실한 성공모델이 나오지 못하고 있다는 의견도 존재하며 여전히 많은 논의와 토론이 이루어지고 있는 영역이다. 이들 중에 본 장에서는 자동차 공유시장을 통해 공유경제의 여러 가지 논의점을 살펴보고 이에 대한 우리의 생각을 이야기 나눠보도록 한다.

나. 공유경제와 함께 성장한 스타트업 기업들

공유경제 기업으로 어떠한 기업들을 알고 있는가? 우버, 에어비앤비, 쏘카, 타다 등 이미 우리는 많은 기업들을 알고 있다. 이들의 탄생배경, 성장과 전망을 통해 공유경제의 미래를 살펴보고, 이외 어떠한 분야에서 공유경제가 가능할지 그리고 기존에 있는 서비스라면 어떠한 부분에서 더 보완되고 문제해결이 되어야 할지 생각해 볼 수 있을 것이다.

(1) 우 버[29]

우버는 2009년 트레비스 칼라닉에 의해서 창업되었다. 우버의 탄생은 생각보다 간단한데, 칼라닉은 “택시를 잡는 데 30분이나 걸려 짜증”나서 창업을 결심하게 됐다고 말했다. ‘모바일 버튼 하나로 택시를 부를 수 있을까’로 시작된 그의 아이디어는 ‘모든 운전자를 기사로 만들겠다’는 구상으로 나아갔고 현재의 우버를 일궈냈다. 하지만 우버는 진출하는 곳마다 논란을 일으키고 있다. 그 이유는 바로 택시 기사들의 파업으로 몸살을 앓았다. 우버의 본거지인 미국도 상황은 다르지 않다. 일자리를 빼앗길 위기에 처한 택시기사들이 노조를 결성해 집단적으로 저항할 움직임을 보이고 있다.

이들의 요구는 간단하다. 우버도 법을 지켜야 한다는 것으로 무면허 택시 영업을 정부가 허용해서는 안 된다는 주장이다. 우버는 택시 기사들의 집단적인 저항에 대해 “우리는 기존에 인허가 된 회사 및 기사들과 함께 일하고 있다”고 반박하고 있다. 실제 일부 택시 기사들이 우버 운전기사로 등록돼 부가 수익을 올리는 경우도 적지 않다.

반대로 우버에 대한 합법화에 대한 목소리도 거세다. 우리나라는 우버를 아직 불법으로 규정하고 있다. 또 얼마 전 유사 택시 형태의 렌터카 서비스인 ‘타다’가 현행법 위반으로

29) https://www.uber.com/kr/ko/

기소되었다. 타다가 공유경제의 한 형태이냐 아니냐의 논란이 있지만 대부분 전문가들은 소수 자동차로 많은 사람의 이동 수요를 맞추고, 이용자가 원하는 시간에 대여와 반납을 하고, 이용시간 만큼 지불하는 것 그리고 이 모든 수단이 ICT 정보통신기술 플랫폼으로 이루어진다는 것에서 공유경제라고 보는 시각이 있다. 하지만 공유경제이든 아니든 우리나라에서는 택시기사들의 생계를 위협한다는 이유로 합법 논의가 한발자국도 나가지 못하고 있는 실정이다.

생각해보기

- 우버 국내 영업에 대한 여러분의 생각은 어떠하십니까?
- 반대 입장인가요? 아님 찬성 입장인가요?
- 왜 그러한 입장을 가지고 있는지 설명해보십시오.

(2) 쏘카와 그린카

쏘카에 대해서 들어본 적이 있는가? 아니 다시 질문한다면 쏘카를 사용해본 적이 있는가? 라고 질문을 해야 하는 게 맞는 것 같다.

이미 우리는 쏘카, 그린카로 자동차 공유 서비스에 대해서 익히 알고 있을 것이다. 이것은 본래 해외에 Zipcar에서 비롯되었다고 볼 수 있다. Zipcar는 2000년도에 세워진 소셜벤처로 사용자들이 차량을 공유하는 카 셰어링 서비스이다. 공유경제의 핵심적 아이디어가 잉여로 남은 자원이 있다면 이것을 공유한다는 측면에서 카 쉐어링 서비스는 본래의 공유경제의 컨셉에 가장 가깝다고 말할 수도 있지만 지금 운영되고 있는 대부분의 공유 자동차 서비스는 회사가 차를 매입하여 이를 다른 사람들이 공유하여 쓰는 방식이기 때문에 이것이 진정한 의미의 공유경제인가에 대해서고 여전히 논의가 이루어지고 있다.

Zipcar는 여러 사람이 한 대의 자동차를 공동으로 소유하여 시간 단위로 나눠쓰는 시스템으로, 차를 쓰지 않는 시간에 발생하는 시간적 낭비와 차량이 증가함으로써 발생하는 자원적, 환경적 문제까지 모두 해결할 수 있다고 보았으며, 한 달에 3만 원 가량의 회비만 내면 누구나 1시간 단위로 차를 빌릴 수 있어 소비자 측면에서 경제적이라고 볼 수 있다. 생활비 절감을 위한 소비자들의 욕구가 늘면서, Zipcar는 2002년 이래로 매년 92%씩 매출이 성장하며 약 1억 3천만 달러의 사업 규모를 갖게 되었다. 2020년에는 10억 달러 수준으로 성장할 것으로 전망되며, 현재 미국과 캐나다에 있는 50개 이상의 도시와 150개 이상의 대학에서 40만 명의 개인 고객과 1만 개의 기업고객이 7천 대 이상의 Zipcar 자동차를 이용하고 있다.

Zipcar의 가장 큰 성공 요인이라면 항상 '고객 가까이' 있었다는 것이다. 그래서 Zipcar는 "블록마다, 집집이"라는 슬로건으로 홍보하고, 도시의 블록을 10개로 나누어 Zipcar를 한 대씩 배치함으로써 고객의 차량 접근 소요시간을 도보 10분 이내가 되도록 했다. 이후 점차 차량 수를 늘려 10분이었던 접근 소요시간을 5분 이내로 줄이면서 매출은 더욱 가파르게 상승했다.

해외에 Zipcar가 있다면, 우리나라에는 차량 공유 서비스로 쏘카와 그린카가 있다. 쏘카와 그린카는 스마트폰 앱을 기반으로 10~30분 단위의 짧은 시간동안 필요한만큼 차를 이용할 수 있는 서비스를 말한다. 그린카는 2009년도에 쏘카는 2012년도에 설립되어 그린카가 먼저 회사를 설립하였다.

그린카는 2008년 이동형 대표가 미국 뉴욕주립대의 교환 교수로 있을 때 Zipcar를 이용했던 경험을 계기로 국내에 도입한 서비스이다. 그린카도 Zipcar와 마찬가지로 한두 시간 정도 차가 필요하거나 차량 소유와 유지비에 부담을 느끼는 사람들, 업무상 대형차량이 필요하거나 특별한 날 특별한 차가 필요한 사람들에게 차를 빌려준다. 카 셰어링이 처음 등장했을 때만 해도 국내시장에서 성공할지에 대한 의심이 많았는데, 그린카는 보란 듯이 론칭한 지 3년도 되지 않아 미국의 Zipcar를 뛰어넘어 보유 차량 1,000대 돌파까지 6여 년이 걸린 미국의 Zipcar, 10여 년이 걸린 일본의 오릭스 등 해외의 선진 카 셰어링 업체들에 비해 그린카는 서비스 인프라 구축에 속도를 냈고, 국내외에서 월등한 차량 보유 대수로 경쟁력 있는 서비스를 제공하고 있다.

쏘카는 2012년 그린카의 뒤를 이어 출시되었지만 지금은 점유율 1위로 점유율에서는 그린카를 앞서고 있다. 초창기에는 차를 소유한 개인과 빌리려는 개인을 스마트폰으로 연결해주는 사업을 추진하다가 개인이 자가용으로 영업을 할 수 없다는 규제 때문에 2011년에 회사가 차를 사서 회원들에게 운행시간 단위로 요금을 받고 빌려주는 회사 차 공유사업으로 전환했다. 자본금 3억 원으로 경차 등 소형차 30대를 구입하여 제주도에서 시작한 쏘카는 자동차 공유사업을 유망사업으로 본 SK 베인캐피털 등으로부터 2회에 걸쳐 총 830억 원이라는 엄청난 투자를 유치하여 전국적인 사업으로 확대되면서 급성장했다.

쏘카는 2019년 1월 알토스벤처스, KB인베스트먼트, 스톤브릿지벤처스, 소프트뱅크벤처스 등 벤처캐피털(VC) 4곳으로부터 총 500억 원 규모의 투자를 유치하며 7000억 원 안팎의 기업가치를 인정받았으며, 최근 쏘카의 기업가치는 1조 원대로 측정되었다. 이러한 점유율 1위에도 불구하고 여전히 적자를 기록하고 있는데, 반면 업계 2위인 그린카는 2015년 롯데에 인수되며 롯데렌탈로 이름을 바꾸고 흑자를 기록하고 있다[30]. 롯데의 다른 계열사에 비해 외형이 크지는 않지만 카셰어링 업계 1위 쏘카가 적자를 내고 있는 점을 감안하면 상당히 선방하고 있다는 평가를 받고 있다.

모빌리티 시장은 카풀, 공유택시, 자율주행 등 혁신할 거리가 많지만 강한 규제 탓에 리스크가 크다 보니 뛰어드는 기업이 없다는 것이 우리나라의 현실이다.

(3) 그 랩[31]

'그랩(Grab)'에 대해서 알고 있는가? 친구 한 명이 싱가폴로 취업을 하여 살고 있는데 중산층에 속한 그 친구가 차를 가지고 있지 않다는 말을 했다. 평소에 어떻게 다니냐는 말을 하니 싱가폴은 그랩이 워낙 잘 되어 있어서 차 없이도 불편하지 않다는 이야기를 하였다. 이처럼 최근 동남아시아를 여행한 사람이라면 그랩이 생소하게 느껴지지 않을 것이다. 그랩은 바로 동남아시아의 우버라고 불리는 공유 자동차 서비스를 말한다. 하지만 우리나라에서는 우버가 그리 상용화 되지 않았기 때문에 좀더 쉽게 말하자면 우리나라의 카카오 택시와도 유사하고 배민, 타다와도 유사하다 말할 수 있다. 즉, 국내로 따지면 콜택시 앱으로 시작됐던 그랩이 지금은 차량공유는 물론이고 배송, 렌탈, 배달 개념의 서비스로까지 확장되고, 결국에는 우버의 동남아시아 사업부문을 아예 인수해버리며 공유 자동차 서비스의 성공적인 모델로 불려지고 있다.

그랩의 이러한 비약적인 성장세, 그만한 이유가 있는 걸까?

그랩 창업자이자 현재 그랩 CEO인 앤서니 탄 CEO는 친구의 말 한마디로 인생이 바뀐 케이스다. 하버드 경영대학원 시절, 탄 CEO를 만나러 말레이시아를 방문한 친구가 택시 시스템에 대한 불만을 토로했던 것이 시초였다. 탄 CEO는 이미 교내 사업경연대회에서 콜택시 서비스인 '마이택시(MyTeksi)' 프로젝트를 제출해 교수로부터 호평을 받은 바 있었다. 다만 현실에서 구현하기 어려울 것이라는 평가를 받았던 마이택시 프로젝트는 그 이름

30) 타다·쏘카 위기에 몰래 웃는 그린카…'뉴롯데' 상장 속도, 2019년 11월 11일, 조선비즈

31) https://www.grab.com/sg/

그대로 말레이시아 시장에 성공적으로 안착했고, 필리핀을 시작으로 태국, 싱가포르, 인도네시아, 베트남 등 주변 국가로 뻗어나가기 시작했다. 이때 마이택시는 말레이시아에서만 사용되던 이름이고 그 외 국가에서는 '그랩택시'라는 이름으로 사용됐는데, 2016년 지금의 '그랩'으로 통일되기에 이른다.

우버와 그랩은 동일한 서비스를 제공하고 있다. 그런데 왜 그랩은 동남아의 1인자로 우뚝 설수 있었을까? 이에 대한 비결로 그랩은 "택시와의 소통"을 언급한다[32]. 2012년 말레이시아의 '카카오 택시' 같은 택시 호출 서비스 '마이택시(MyTeksi)'로 시작했다. 그래서 택시를 부르는 것이 가장 기본을 두고 서비스를 하고 있으며, 다른 국가에 진출할 때 역시 택시를 기본으로 해당 국가정부와 협의를 하여 진출하는 모습을 보이기도 한다. 물론 일반 승용차와 오토바이 서비스도 제공하며 퀵서비스 같은 배달서비스도 제공한다. 말레이시아, 싱가포르, 인도네시아, 태국, 필리핀, 미얀마 등 동남아에서만 서비스를 제공한다.

(4) 타 다

① 타다와 택시 간의 갈등 배경

동남아의 그랩이 성공적으로 안착한 것에 비해 우리나라의 경우 타다와 택시간의 갈등은 사회적인 이슈로 부각되어 많은 논의가 이루어지고 있다. 2018년 10월 쏘카를 소유하고 있는 ㈜VCNC는 모빌리티 플랫폼으로 타다를 출시하였다. 타다는 11~15인승의 승합차로 서비스를 진행하는데 소비자가 스마트폰 애플리케이션으로 자동차를 빌리면 운전기사까지 함께 따라오게 된다. 본래 렌터카는 기사 알선이 금지되어 있지만 현행 여객운수법 제34조에 의거하여 예외적으로 11~15인승 승합차 렌터카의 경우 기사 알선을 허용하게 되어 있다. 기사 알선이 제공되고 여러 명이 함께 승차할 수 있으며, 승합차이기 때문에 짐을 실어 어딘가로 가야 할 때 강제 배차돼 승차 거부가 없이 넓은 차로 이동할 수 있다는 장점 때문에 빠르게 성장해 2019년 5월 9일 기준 운행차량은 1,000대, 회원은 50만 명에 달하게 되었다.

타다가 문제가 된 것은 예외적으로 적용된 여객운수법 제34조는 장거리 운송 및 여행 산업 활성화를 위한 것이지 단거리 교통수단으로 사용되어 택시처럼 운영될 때는 이 법에 위배가 되는 것이라 주장하였으며, 2019년 2월 타다를 여객자동차 운수사업법 위반 혐의로 고발했다. 이에 대해 택시업계에서는 강력한 반발 의지를 보이며 2019년 5월 15일 종로 광

---

32) 동남아 모빌리티플랫폼 그랩 "성공비결은 택시업계와의 소통", 연합뉴스, 2019. 5월 26일

화문 광장에서 타다의 퇴출을 요구하는 대규모 집회를 열었으며, 이 과정에서 70대 개인택시기사가 분신해 사망하는 사건이 발생했다.

이러한 과정 속에서 박홍근 더불어민주당 의원은 2019년 10월 이른바 '타다 금지법'을 발의하며 기사 알선 허용 범위를 명확하게 규정하는 '규제혁신형 플랫폼 택시 제도화 법안'을 제안했다. 개정안의 주요한 내용은 11인승 이상 15인승 이하인 승합자동차를 임차하는 때에는 관광 목적으로서 대여시간이 6시간 이상이거나 대여 또는 반납 장소가 공항이거나 항만인 경우에만 운전자를 알선할 수 있도록 규정하는 것인데, 이에 대해 타다 측은 "법안이 시행되면 타다 이용자 140만 명의 이동권은 축소되는 것이며 타다 드라이버 9,000명은 사라지게 되는 것"이라며 "이동과 관련한 혁신이 없어지는 것"이라고 비판했다[33].

타다와 택시 간의 갈등은 단순히 두 집단 간의 갈등으로 바라보는 것 이상 여러 논의가 이루어지고 있다. 2020년 1월 합의점을 찾지 못해 국회 상정이 불발되었지만 타다 금지법의 필요성에 대한 논의는 계속되고 있다.

② 타다 금지 반대 : 타다와 택시의 공존 피력

타다 금지법을 반대하는 많은 사람들의 논리 중의 하나는 앞으로 시간이 가면 갈수록 공유경제의 의존도는 더욱 커질 것이라 전망하기 때문이다. 교통공유 뿐만 아니라 공간공유, 물건공유, 지식 공유 등 우리가 생각하지도 못한 많은 것들이 공유될 수 있다고 제안한다. 미래를 전망하는 전문가들은 공유경제는 기존의 일반경제 규모와 비슷한 거래량을 보일 만큼 일반화 될 것이라 제안하였다.

창의적 산물로 여러 공유경제가 발생하게 되었을 때 지금의 타다와 택시 간의 문제처럼 공존할 것인가 아니면 대체되는 것인가라는 문제로 인해 지금과 동일한 상황이 발생하지 않는다고 말할 수는 없을 것이다. 공유경제가 활성화 되기 위해서는 포지티브 규제가 아닌 네거티브 규제로의 변화를 주장하고 있다. 포지티브 규제란 법률이나 정책에 허용되는 것들을 나열하고 이외의 것들은 모두 허용하지 않는 규제를 뜻한다. 반면에 네거티브(negative) 규제는 법률이나 정책에서 금지한 행위가 아니면 모두 허용하는 방식을 말한다. 따라서 포지티브 규제가 네거티브 규제보다 더 강력하다.

우리나라의 경우, 이러한 규제의 틀이 강해 세계에 등장한 유니콘[34] 가운데 70%가 한국

---

33) '타다 금지법' 발의한 국토위…타다 측 "서비스 중단 겨냥한 것" 유감, 이투데이, 2019년 10월 24일

34) 최근 미국 실리콘밸리에서 큰 성공을 거둔 스타트업을 통칭하는 말이다. '유니콘(Unicorn)'은 기업가치

에서는 사업하기 어려운 모델로 여겨지고 있다. 공유경제의 모델은 우리가 생각해보지 않은 영역까지 공유가 이루어지고 있다. 공유경제 서비스 유니콘 기업으로 주목을 받는 스타트업으로 당근 마켓이 있다. 당근 마켓은 지역 주민과 중고 물건을 사고 팔 수 있는 지역 기반의 중고거래 애플리케이션이다. 중고거래 이외에도 지역업체, 질문답변, 부동산 구인구직 등 지역 내에서 발생하는 모든 생활 정보를 교류할 수 있다.

또 하나의 공유 서비스 중 하나는 캔슬마켓이다. 최근 가성비 높은 숙소 수요가 늘면서 환불 불가 조건 특가 상품이 늘고 있지만 과도한 취소 수수료 문제를 정의, 이를 해결하는 양도 플랫폼을 론칭하였다. 에스크로 시스템을 구축해 대금 안전성도 보고 하고 상품 검수 과정도 여러 차례 거쳐 안전한 거래를 실현하고 있다.

소비자 입장에서 타다를 옹호하는 이유는 첫째, 승차 거부 방지, 쾌적하고 넓은 실내, 다양한 부가서비스(무선와이파이, 충전 등) 편익을 제고할 수 있는 서비스를 제공하고, 둘째, 규제하는 경우 기존 산업에만 호의적인 정책 방향은 새로운 혁신 스타트업의 발전과 성장을 더디게 하고 저해할 수 있으며, 마지막으로 금지법 자체가 택시 업계 표심을 얻기 위한 정책이 아닌가라는 의구심 때문이다.

③ 타다 금지 찬성 : 보호와 원칙 필요

국토부에서는 타다 금지법을 제안하며 이는 "기존 택시산업과 혁신산업이 상생할 수 있는 법안"이라고 강조했다. 타다 금지법은 금지하기 위한 법이 아니라 "제도적인 틀 내에서 공정한 경쟁을 펼치게 하려고 입법화한 것"이라며 이같이 말했다. 개정안이 국회 법제사법위원회 통과와 본회의 상정을 앞둔 상황에서 '타다 금지법'이 아닌 '타다 제도권 내 수용법'을 내놓은 것이라는 입장을 재확인한 것이다. 국토부에서는 현재 '타다'가 운영하는 모델은 불법성 논란과 택시업체와의 갈등으로 지속가능성과 확장성을 확보하기 어렵기 때문에 갈등이 지속되지 않게 하기 위해서는 법의 테두리 안에서 개정안을 지키는 것이 중요하다고 언급하고 있다.

택시업의 어려움에 대해서 공감하고 이해해야 한다는 입장이 있는데, 택시 같은 경우 면허권을 구입하는데 서울 수도권만 8,000만 원, 지방은 1억 원대로 치솟아 있다. 사업을 위해

10억 달러($1 billion) 이상, 설립한지 10년 이하의 스타트업을 뜻한다. 원래는 스타트업이 상장하기도 전에 기업 가치가 1조 원 이상 되는 것이 유니콘처럼 상상 속에서나 존재할 수 있다는 의미로 사용됐다. [네이버 지식백과] 유니콘 기업 [Unicorn] (ICT 시사상식 2017, 2016.12.20)

초기비용이 필요한데에 비해, 타다 서비스는 이런 비용 없이 운영하며 수익을 내왔으니 택시업계에서도 불만이 컸기 때문에 간과할 수 없다는 입장도 있다. 또한, 타다의 공유서비스는 진정한 공유경제가 아니라 결국 임대업이기 때문에 혁신이라는 이름으로 타다를 옹호하기에는 한계가 있다는 입장도 있다[35].

공유경제의 하나의 모델인 자동차 공유서비스를 중심으로 우리나라뿐만 아니라 다른 나라의 자동차 공유서비스도 알아보았다. 그렇다면 자동차 공유 서비스 이외에 어떠한 공유서비스가 있을까? 그리고 만약에 내가 공유경제 관련해서 창업을 한다면 나는 어떠한 물건, 또는 아이디어를 통해 공유경제를 실현할 수 있을까? 등 토론을 통해 이야기 나누면 좋을 것 같다.

토론하기

타다와 택시 간의 이견 차이로 사회적으로 많은 이야기가 나오고 있다. 타다를 포함한 여러 새로운 경제 모델을 위해서는 규제가 완화되어야 한다는 주장과 이것이 사회적 질서와 공정성을 위반한다는 의견 등 여러 의견들이 공존하고 있다.

- 타다와 택시 간의 분쟁에 대한 여러분의 생각은 어떠한가?
- 기존의 공유서비스를 이용하면서 여러분이 했던 생각으로는 무엇이 있었나?
- 공유경제가 앞으로의 미래 모델이라는 의견이 있는데 여러분의 생각은 어떠한가?

35) [연말 기자방담] '타다'를 허용하려면 세금이 5조나 든다고?, 뉴스핌, 2019년 12월 30일

〈상상력 이노베이터〉 PBL 활동지

주차	미래사회의 경제 이슈 : 공유경제	분 반/조		팀원 이름		

주제	공유경제의 가능성과 위기
주제 설명	에어비앤비와 우버라는 기업을 알고 있나? 이들 기업의 이름을 들으면 무엇이 떠오르는가? 2019년 12월 공영방송국에서 다음과 같은 TV 프로그램을 선보였다. 이 프로그램에서는 무엇을 보여주려고 한 것일까? 이들 기업과 위의 TV 프로그램의 공통점은 공유경제를 실현하고 있다는 것이다. 공유경제가 무엇이며, 왜 지금 시대에 공유경제가 언급되고 있는 것일까? 공유경제는 향후 미래에 대안 경제로 어느 정도 가능성과 기회가 있는 것일까? 공유경제에 대해 여러 가지를 함께 논의하고자 한다.
현황 파악 1	나는 공유경제에 대해서 얼마나 알고 있는가? 공유경제의 정의를 비롯하여 공유경제에 대해서 아는 것을 모두 정리하여라.
현상 파악 2	공유경제에 대해 더 알고 싶은 것이 있다면 질문을 만들고 이에 대해서 서로 답해보자
	공유경제로 가능한 항목은 어떤 것이 있을까?
	지금 우리나라 또는 세계에 존재하는 공유경제 기업들은 어떤 기업들이 있을까?
	공유경제는 왜 생겼을까?
현상 파악 2	향후 미래에 공유경제가 지속될 것이라 보는가 아니면 위기라 생각하는가? 만약 가능성이 있다면 어떠한 부분에서, 만약 위기라면 어떠한 부분이 해결되어야 할 것으로 생각되는가?
공유 경제에 대한 창의적 생각	만약 내가 공유경제로 스타트업 창업을 하게 된다면 무엇으로 공유서비스를 하고 싶은가?

| 참고영상 |

- 경제의 패러다임이 바뀐다! - 공유경제[경제지식 Refill 프로젝트], https://www.youtube.com/watch?v=ZmLMMiHJU6c
- 2018 최진기의 생존경제 - [45] 뜨거운 논쟁 공유경제! 넌, 누구니? https://www.youtube.com/watch?v=PhV1SzDVY3c

5 예술 이슈 : 예술적 상상력이 세계를 넓히는 방법

홍상현 | 소양·핵심교양학부 교수

가. A씨가 보여준 사진 한 장

"이 사진의 제목이 뭘까요?"

A씨가 묻는다. 그리고 그 자리에 있던 대부분의 사람들이 '숟가락'이라고 대답을 한다.

"아닌데요?"

A씨의 대답에 숟가락이라고 대답한 사람들은 의아하게 생각을 한다. 그 때 B군이 나서서 새로운 대답을 한다.

"아, 이거 콩나물이네!"

B군은 다른 사람들과 다르게 자신은 좀 더 창의적인 답변을 했다고 으쓱했고, 사람들은 그 또한 의아해하면서도 '콩나물하고 비슷하게 생긴 것 같기는 하다'라고 생각을 하면서 A씨의 대답을 기다린다.

"형태가 비슷하니, 그렇게 볼 수도 있겠군요? 하지만 그것도 아닙니다."

A씨는 B군의 대답을 기특하게 생각하면서도,

"이 사진의 제목은 바로 '꿈'입니다."라고 대답을 한다.

A씨의 대답에 그 자리에 있던 사람들은 모두 말도 안 된다고 웅성거리면서 고개를 젓고 있었다.

나. 뒤샹의 혁신, 레디메이드

마르셀 뒤샹(Henri-Robert-Marcel Duchamp, 1887~1968)에 의해서 위와 비슷한 상황이 연출된 적이 있다. 1917년 4월, 뉴욕에서였다. 미국의 독립예술가협회(Society of Independent Artists)가 주관하는 전시회에 뒤샹은 "R. MuTT 1917"이라는 낙서가 적힌 소변기 하나를 출품했다. 그리고 그는 그 작품에 <샘 Fountain>이라는 제목을 붙였다. 이 작품은 그 행사의 관계자들을 충격에 빠뜨렸다. 그 충격이 너무 컸기 때문일까? 당시에 예술을 많이 안다고 자부하던, 그 행사의 위원회에서는 뒤샹의 작품을 행사장에 전시를 하지는 않았다.

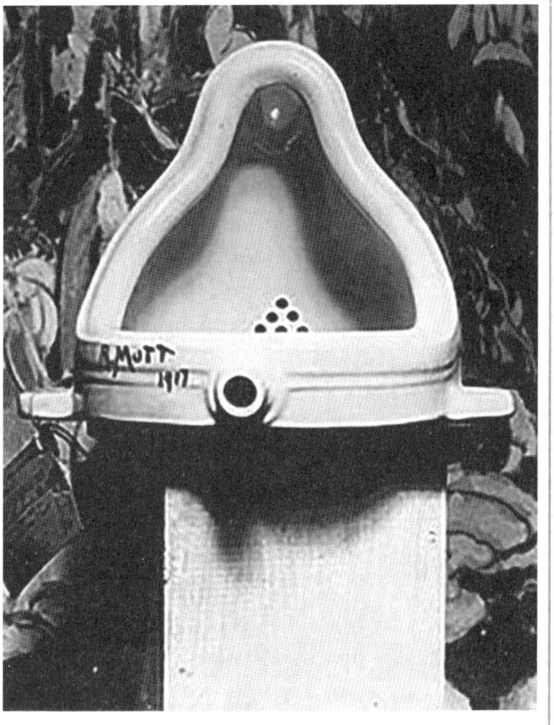

미국의 사진작가 알프레드 스티글리츠(Alfred Stieglitz, 1984-1946)가 촬영한 마르셀 뒤샹의 〈샘〉, 1917.

뒤샹이 그것을 자기 혼자서 샘이라고 부르건, 호수라고 부르건 그건 상관이 없다. 하지만 그가 '예술'이라는 이름으로, 그것을 바라보는 우리 앞에 작품을 제시했기 때문에 그것은 중요하다. 왜냐하면 그 소변기를 마주하고 있는 우리에게 <샘>이라는 의미의 공감대 형성을 질문하는 논의의 장이 만들어졌기 때문이다.

많은 사람들을 놀라게 했을 뿐만 아니라 엉뚱하기까지 했던, 뒤샹의 '말도 안 되는' 이러한 질문 덕분에 우리는 그를 '혁신가'라고 부를 수 있게 되었다. 미술의 역사 안에서 혁신가라고 말할 수 있는 사람은 많지 않다. 뒤샹 이전에 활동한 예술가 중에서 혁신가라고 할 수 있는 대표적인 인물은 레오나르도 다 빈치(Leonardo da Vinci, 1452~1519)이다. 르네상스 시대에 활동한 그는 원근법이라는 인간중심적 시각을 우리에게 새롭게 제시했다. 뒤샹과 동시대에 활동했던 피카소(Pablo Ruiz Picasso, 1881~1973)는 세상으로부터 '천재'라는 찬사를 받기는 했지만, 다 빈치와 같은 혁신가라고 하기에는 아쉬움이 있다[36]. 피카소가 아닌 뒤샹을 우리가 혁신가라고 부를 수 있는 이유는 그가 레디메이드(readymade)라는 새로운 예술적 표현방식을 창조했기 때문이다.

레디메이드는 말 그대로 '이미'(ready) '만들어진'(made) 기성품을 예술작품으로 활용했다. 그것은 미학적 특징을 찾을 수 없는, 그리고 예술적 의미를 갖거나 그것을 위해 제작되지 않은, 공장에서 대량생산된 기성품을 전시장으로 가져와 예술적 의미 부여를 시도했다. 이러한 뒤샹의 시도로 인해 기성품과 예술작품의 경계가 허물어질 수도, 또 예술에 부여되었다고 믿었던 신성한 성역이 무너질 수도 있는 사건이었다.

뒤샹의 레디메이드가 예술과 우리의 세계에 던진 혁신적 질문은 두 가지의 층위에서 생각해 볼 수 있다. 첫 번째는 예술가의 행위에 대한 질문이다. 전통적으로 예술가에게는 예술작품을 제작하는 장인(匠人, artisan)으로서의 능력이 필요했다. 고대미술에서부터 중세의 종교화를 거쳐, 르네상스 이후 근대미술에 이르기까지 미술의 역사 안에서 훌륭한 업적으로 우리에게 잘 알려진 작가들은 모두 뛰어난 표현 기법을 구사할 수 있는 장인이기도 했다. 이는 예술가라는 사람들이 갖는 기교가 그들의 예술적 능력을 인정받게 하는 전제조건이었다는 말이기도 하다. 반면에 레디메이드 작품에서는 작가의 행위가 최소화된다[37]. 레디메이드는 예술작품의 가치평가 기준이 잘 만들어진(well-made) 장식적 완성도로부터 작가의 아이디어와 예술적 상상력으로 옮겨가는 과정이었다.

두 번째는 예술작품의 기능에 대한 질문이다. 화려하게 장식된 전통적 방식의 예술작품에 비해서 레디메이드 작품을 접할 때 우리가 느끼는 예술적 감동은 줄어들까? 아니다. 물론, 작가의 기성품을 전시장에 가져다 놓는 방법이 전통적인 예술기법에 비해서 더 많은 감동을 준다고 말할 수는 없다. 그렇지만 적어도 그 둘 사이에 인간이 느끼는 감동에 큰 차이가 있다고 말하기도 어렵다. 즉, 우리의 예술적 경험에서 예술작품의 화려한 장식과 물성(物性)이 절대적으로 중요한 것은 아니라는 말이 된다. 우리가 느끼는 예술적 감동은 인간의 상상력에 의한 것이며, 상상력이 만드는 예술적 경험의 세계는 예술작품의 화려한 장식에 의해 크게 영향을 받지는 않는다. 오히려 '아름다운 상상'을 위해서는 물질적인 화려함으로부터 한 발 물러설 필요가 있다는 생각도 가능하다. 레디메이드의 이러한 혁신적인

---

36) 물론, 피카소가 쌓아 올린 미술적 업적은 뒤샹보다 훌륭하고 이야기할 수 있는 것들도 있다. 그리고 피카소의 입체적 표현방법(큐비즘, cubism)은 현대의 추상미술을 탄생시킨, 그 무엇과도 비교할 수 없는 위대한 예술적 업적이기도 하다. 다만, 이 글에서는 예술가로서의 미술사적 업적보다는 상상력으로 세상을 바꾼 혁신가로서의 업적을 중심으로 이야기하고 있기 때문에 필자는 뒤샹의 업적이 피카소보다 더 혁신적일 수도 있다고 말하고 있을 뿐이다.

37) 여기에서 '최소화'라고 말하는 것은 작가가 사물을 선택하고 전시장에 위치시키는 정도의 행위가 있기 때문이다. 그런데 전통적 예술의 입장에서 보면, 그것은 '아무런 행위도 하지 않은' 것일 수도 있다.

시도는 물질의 치장이나 화려한 장식으로부터 벗어나는 미니멀 예술(minimal art)과 대표적 현대예술인 개념미술(conceptual art)의 탄생을 이끌었다.

이처럼 레디메이드는 기존에는 생각하지 못했던 방법으로 우리를 예술에 대한 고정관념으로부터 벗어날 수 있게 했다. 우리는 아무도 강요하지 않았지만 스스로 그 안에 갇혀서, 예술작품과 예술적 행위를 규정하고 있었다. 뒤샹은 그러한 습관적 인식으로부터 우리를 해방시키고자 했다. 다 빈치의 혁신은 원근법을 통해서 중세의 신(神) 중심 세계관으로부터 근대의 인간중심적 세계관으로의 이행을 보여준다. 그리고 뒤샹의 레디메이드는 예술가가 만들지 않은 것이 예술작품이 될 수 있다는 현대 개념미술의 시작을 알렸다. 이러한 점에서 뒤샹의 레디메이드는 다 빈치의 혁신에 비견될 수 있을 것이다.

다. 낯설게 하기와 데페이즈망

> 그런데 문학이나 예술은 습관적인 지각이나 인식이 당연시하고 간과하는 낯익은 것을 낯설게 함으로써 사물들을 더욱 인식 가능한 것으로 한다. 또 그 과정에서 언어를 극적으로 인식하게 함으로써 습관적이고 무의식적인 우리의 지각이나 반응을 새롭게 갱신시켜 준다. 따라서 문학이나 예술은 우리의 삶의 지각을 회복시켜 주고 우리가 사물에 대한 생생한 감각을 갖도록 하기 위해서 존재하는 것이다[38].

20세기 초, 러시아에서는 모스크바 언어학 서클을 중심으로 하는 문학비평 운동이 등장했다. 러시아형식주의(Russian Formalism / Формализм)로 알려진 그들은 일상의 언어와 문학 언어(주로 시어, 詩語)를 구별하는 등 문학작품의 형식적인 측면을 강조하였다. 이 러시아 형식주의 운동에 참여한 빅토르 쉬클로프스키(Viktor Borisovich Shklovsky, 1893~1984)[39]는 낯설게 하기(defamiliarization / остранение)의 방법을 이야기했다. 그것은 서사의 구성이나 비유와 역설 등의 문학적 표현으로 낯익은 것들을 낯설게 만드는 방법이다.

이러한 낯설게 하기의 방법이 연극에서는 독일의 극작가 베르톨트 브레히트(Bertolt Brecht, 1898~1956)의 소외효과(疏外效果, alienation effect / Verfremdungs effect)로 이어지기도 했다. 브레히트는 연극의 중간에 배우가 관객에게 말을 건다거나 앞으로의 전개 내용을

---

38) 유종호, 『문학이란 무엇인가』, 민음사, 1996, p. 215.

39) 쉬클로프스키가 1917년에 발표한 논문 「기법으로서의 예술」은 러시아형식주의의 선언문이라고 이야기된다.

미리 말해 준다거나 하는 방법을 사용했다. 이는 관객이, 그것이 연극이라는 사실을 잊은 채, 감정이입이 되어 연극에 빠지지 않도록 하는 방법이었다. 즉, '지금 당신이 보고 있는 것은 연극입니다. 그러니 정신 차리고 보세요!'라고 말하면서 연극과의 거리감을 유지하도록 만드는 장치인 것이다.

이 또한 전통적으로 주류 연극에서 한 번도 반박되지 않았던 아리스토텔리스의 카타르시스 이론을 완전히 뒤집어 놓는 것이었다. 카타르시스(정화, 淨化)이론에서는 관객이 연극에 완전히 몰입해서 배우와 동질감을 느껴야 욕구와 감정이 배설되는 효과가 있다고 했다. 그러나 브레히트는 이에 대한 반론을 제기했다. 그러한 몰입과 감정이입은 연극을 비판적으로 볼 수 없게 만드는 방해요소일 뿐이기 때문에 오히려 작품과의 '거리감'으로 관객들이 비판적 태도를 유지하도록 도와야 한다고 했다. 즉, 익숙한 것에 대한 자동화된 인식이 아니라, 낯설게하기의 방법으로 비판적 시각을 견지하는 것이 세계를 대하는 올바른 태도라고 이야기할 수 있다.

우리가 일상에서 세계를 경험하는 자동화(自動化)된 습관적 인식으로부터 벗이나, 익숙하지 않은 세계를 경험하게 한다는 점에서 현대 시각예술과 만나는 지점이 있다. 그러한 내용을 그림으로 표현한 사람으로 가장 먼저 떠올릴 수 있는 것은 벨기에의 초현실주의 화가 르네 마그리트(René François Ghislain Magritte, 1898~1967)이다.

René Magritte, La Trahison des images, Oil on canvas, 60.33cm × 81.12cm, 1929.

이 그림은 아마도 르네 마그리트의 그림 중에서 우리에게 가장 잘 알려진 작품일 것이다. '이미지의 배반'(The Treachery of Images / La Trahison des images)이라는 제목의 이 작품은 담배 파이프 하나를 보여주고 있다. 그런데 재미있는 것은 작가가 이 그림 안에 "이것은 (담배)파이프가 아니다."라고 적어 놓았다는 점이다. 담배 파이프를 그려 놓고서 담배 파이프가 아니라니 저 그림 안에 있는 것이 담배 파이프가 아니라면 과연 무엇이라는 말일까?

사실 지금 우리는 담배 파이프를 보고 있는 것이 아니라, 담배 파이프를 그린 한 장의 그림을 보고 있었다. 우리가 그림 속의 세계와 현실의 세계를 구별하지 못하고 두 세계를 뒤섞어 놓으면서 스스로를 혼란 속에 빠뜨렸을 뿐, 작가의 말이 맞다. 우리는 연기를 뿜으며 피울 수 있는 담배 파이프를 보고 있는 게 아니라, 그러한 기능은 전혀 없는 그림을 보고 있었을 뿐이다. 작가는 바로 우리의 그런 습관적이고 자동화된 인식을 지적하고 있는 것이다.

마그리트의 이러한 방법은 데페이즈망(depaysment)이라고 한다. 이 단어는 무언가로부터 떼어내는 접두어 'de'와 국가와 땅을 의미하는 'pays', 그리고 명사형 접미사 'ment'이 합쳐진 것이다. 즉, 어떤 물체를 본래 있던 곳으로부터 떼어내는 것을 의미한다. 결국 마그리트의 방법 또한 익숙한 것들을 낯설게 만들어 거리감을 갖도록 하고 있다. 그리고 우리가 그러한 '거리감'을 갖게 될 때, 담배 파이프, 그림 그리고 세계가 생소해지고, 그것들과 그것들을 바라보는 우리 사이에도 낯선 거리감이 생겨난다.

라. 낯설음과 상상력

낯설게하기, 소외효과, 데페이즈망 등은 우리에게 세계와의 거리감을 가지라고 이야기한다. 그리고 세계의 익숙하지 않은 면을 (익숙한 것조차 익숙하지 않게) 볼 것을 요구한다. 그런데 우리에게 익숙한 이 세계가 낯설어지고, 또 우리가 그렇게 세계와 거리감을 갖는 것이 왜 중요할까? 그 이유는 두 가지 철학 개념으로부터 찾아볼 수 있다.

첫 번째는 실존(實存, existence)으로서 존재의 문제이다. 실존주의 철학에서는 실존이 아닌 보통의 존재, 즉 군중(群衆)을 지칭하는 용어로 다스만(das Mann)을 사용한다. 독일어에서 '사람'을 지칭하는 'Mann'에는 원래 'der'라는 관사를 사용하지만, 여기에서는 사물에 사용하는 관사 das를 붙였다. 즉, 그것은 '사물적으로 존재하는 인간' 혹은 '사물화된 인간'

이라는 뜻이다. 그들은 비판적 사고를 갖지 않는다. 마치 기계처럼 이 세계를 그저 습관적으로 받아들이고, 자동적으로 반응할 뿐이다. 반면에 '실존'으로서의 인간은 그렇지 않다. 실존은 이성적 판단을 스스로 할 수 있는 탈존(脫存, ek-sistence)이며, 그렇기 때문에 자유로울 수 있는 존재이다. 우리는 실존으로서 존재해야 한다. 마치 기계처럼 자동적으로 사는 것이 아니라, 습관적으로 인식되는 세계를 의심하고, 문제를 발견하고, 그리고 스스로 판단과 결정을 내리는 삶의 주체로서의 실존 말이다. 이 때 가장 먼저 필요한 것은, 앞의 논의와 이어서 이야기하면, 세상을 낯설게 바라보는 태도일 것이다. 세계를 냉정하고 객관적으로 바라볼 수 있도록 '거리감'을 갖고, 낯설게 바라보면서 익숙함에 대해 비판적 태도를 지니는 것이 실존으로 존재하는 첫걸음이 아닐까?

두 번째는 세계의 '본래적 의미' 회복이다. 예술적인 경험은 낯설다. 또 그것은 일상에서의 체험이나 언어적 지식경험과는 다르다. 그것은 '상상적 경험'이라는 새로운 경험이다. 독일의 철학자 하이데거(Martin Heidegger, 1889~1976)의 이야기에서 시작해보자.

> 만일, 우리들이 예술적 감상은 하지 않은 채, 작품의 어찌할 수 없는 현실성만을 고려에 두고 작품을 본다면, 작품은 다른 사물처럼 그저 자연스럽게 사물적으로 존재하고 있다는 사실이 밝혀질 것이다[40].

Vincent van Gogh, *Shoes*, Oil on Canvas, 45.7×55.2cm, 1888.

Vincent van Gogh, *A Pair of Leather Clogs*, Oil on Canvas, 32.2×40.5cm, 1889.

40) 마르틴 하이데거, 『예술작품의 근원』, 오병남·민형원 옮김, 경문사, 1986, p. 81.

Vincent van Gogh, *Shoes*, Oil on Canvas, 38.1×45.3cm, 1886.

Vincent van Gogh, *Shoes*, Oil on Cardboard, 32.7×40.8cm, 1887.

위의 구두들을 보자. 아니, 구두를 그린 그림을 보자. 이 구두 그림은 네덜란드의 화가 빈센트 반 고흐(Vincent Willem van Gogh, 1853~1890)의 작품들이다. 이 네 점의 그림은 모두 구두를 그리고 있다. 우리가 생활하고 있는 현대사회의 그것과는 조금 차이가 있고, 각각의 그림 속 구두의 형태가 다르기는 하지만 분명히 저 그림들 속에 있는 것이 '구두'라는 것은 틀림없다. 그런데 네 점의 구두 그림 속에 있는 구두들 중에서 어떤 것이 '진짜' 구두를 그리고 있는 것일까? 물론, 이 그림들 안에 있는 것 또한 진짜 구두는 아니다. 앞에서 이야기한 마그리트의 담배 파이프에서처럼, 우리가 신을 수 있고, 냄새도 나며, 또 낡으면 수선하기도 하는, 현실세계에서 만나는 그 구두가 아니기 때문이다. 그럼 현실세계의 구두를 생각해보자. 그것은 '진짜' 구두일까? 현실세계의 그 구두들 또한 수만 가지 종류의 구두가 있다. 과연 그 중에서 어떤 것을 진짜 구두라고 말할 수 있을까? 위에서 하이데거의 "(구두 그림이) 사물적으로 존재하고 있다"라는 말은, 아마도 현실의 구두나 그림 속 구두 모두 '진짜 구두'는 아니라고 해석할 수 있다. 그렇다면 진짜 구두는 무엇이며 어디에 있다는 말일까?

백과사전에서 구두의 의미를 찾아보자. 거기에는 구두의 역사에서부터, 구두의 종류 등 구두와 관련해서 우리가 찾는 대부분의 정보가 언어로 기록되어 있다. 그러면 거기에 정의된 구두는 진짜 구두가 무엇인지 우리에게 말해줄 수 있을까? 사전에 수십 페이지로 정리된 내용을 다 읽으면 진짜 구두가 무엇인지 알 수 있을까? 그렇지 않다. 우리가 사전에서 '샘'이라는 단어를 찾으면 무수히 많은 정보가 나오겠지만, 그 어떤 사전도 뒤샹의 작품에서 우리가 경험한 샘에 대해서는 설명하지 않는다. 그렇다고 뒤샹의 작품에서 우리가 '샘'을 경험하지 못한 것은 아니지 않는가? 사전에 정의된 지식은 '샘'에 대해서 많은 설명을 하지만 우리가 경험하는 모든 샘을 이야기해 줄 수는 없다.

결국, 현실세계에서 우리가 경험하는 것과 사전에 정의된 언어적 지식 모두 세계의 진짜 의미를 보여주지는 않는다는 말이 된다. 결국 현실세계의 사물과 사전에 정의 된 내용 그리고 그 사물의 진짜 의미 사이는 멀어지게 된다. 그리고 그들 사이에는 앞에서 이야기한 '낯선 거리감'이 생긴다.

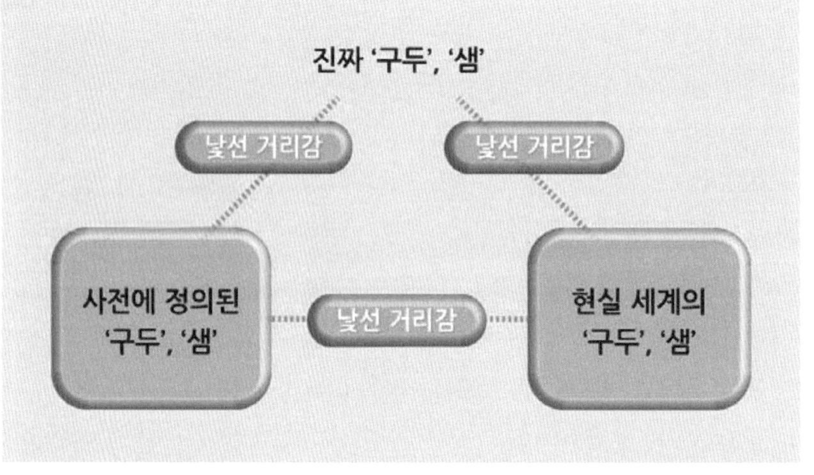

그런데 이 낯선 거리감은 우리가 '진짜 세계', '세계의 본래적 의미'에 가까이 갈 수 있도록 도와준다. 즉, 이 낯선 거리감이 세계의 본래적 의미를 찾을 수 있는 계기를 마련해 준다는 말이다. 우리가 뒤샹의 샘과 반 고흐의 구두를 보고 있을 때, 우리는 '샘'과 '구두'를 경험한다. 그런데 그것은 현실세계에서의 경험과는 다르며, 사전에 정의되지도 않은 경험이다. 하지만 그 작품들을 보고 있을 때, 현실의 경험과 언어적 정의와는 다르게 조금 낯설기는 하지만, 우리는 '샘'과 '구두'를 경험한다. 즉, 현실과 사전적 정의에 한정된 경험과 의미를 넘어서서 '진짜 샘과 구두'를 상상한다.

> 이미 도구의 구두존재는 밝혀졌다. 그러나 어떤 방식으로 그 존재가 밝혀졌는가? 그것은 실제로 눈 앞에 존재하고 있는 구두라는 도구에 대한 서술과 해명을 통해서 이루어지지는

않았고, 또한 여기저기서 행해지고 있는 구두의 실제적 사용에 대한 관찰을 통해 이루어진 것도 아니다. 오히려 다만 우리가 고흐의 그림 앞에 섬으로써 그것은 이루어졌다. 이 그림은 말한다. 작품의 곁에 있을 때, 우리는 일상적으로 있던 곳과는 전혀 다른 곳에 있다고. 예술작품이 구두라는 도구가 진실로 무엇인가를 알게 해주었다[41].

이것이 바로 예술작품의 기능이다. 다시 말하면, 예술작품은 현실세계와 사전적 정의가 담을 수 없는 진짜 세계에 대한 경험을 가능하게 해준다. 그것이 가능한 이유는 예술작품을 감상하는 우리가 '상상'을 하기 때문이다. 즉, 우리는 '상상력'으로 '낯선 거리감'을 채워 넣는다. 그리고 우리는 상상을 할 수 있기 때문에 우리가 갇혀 있던 자동화된 인식의 한계를 넘어설 수 있다. '낯선 거리감'을 상상력으로 채워 넣는 경험은 우리가 그동안 경험하지 못했던, 우리가 잊고 있던 '진짜 세계'를 향해 한걸음 다가가게 한다.

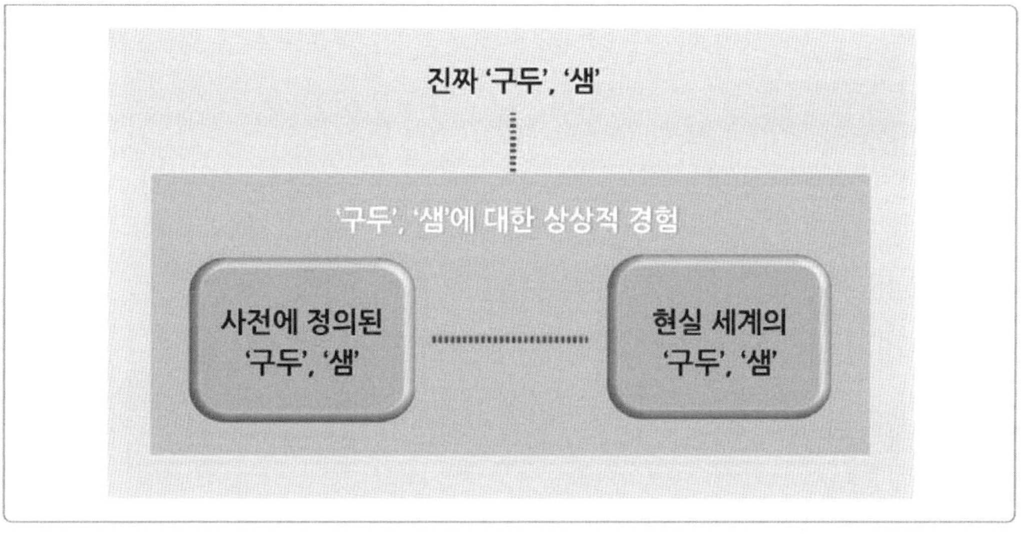

그림은 어떤 것을 우리에게 추상물(즉 4차원 시공간을 2차원 평면으로 축소하는 것)로 표상하도록 한다. 시공간으로부터 평면으로 추상화시키고, 또 다시 시공간 속으로 환원시켜 재투영시키는 이와 같은 능력을 우리는 '상상력(imagination)'이라고 부른다[42].

41) 같은 책, p. 101.

42) 빌렘 플루서, 『사진의 철학을 위하여』, 윤종석 옮김, 커뮤니케이션북스, 1999. p. 9.

지금까지의 이야기를 정리하면, 예술작품을 통한 세계의 경험은 '상상적인 경험'이다. 그것은 일상에서의 체험이나 지식을 통한 경험과는 다르다. 그리고 상상적인 경험은 낯설다. 그것은 일상적 체험만큼 확실하지 않으며, 언어적 지식처럼 명확하지도 않다. 하지만 상상적 경험은 다른 두 가지의 경험이 우리에게 줄 수 없었던 새로운 경험을 가능하게 한다. 그 새로운 경험은 이 세계에 대한 틀에 박힌 경험으로부터 벗어날 수 있게 하여, 우리가 경험할 수 있는 세계를 확장시켜준다.

예술적인 상상과 상상적 경험은 실용적인 기술처럼 당장 우리의 삶에 어떤 해결책을 주지는 않는다. 하지만 더 나은 세상을 위한 혁신에 상상이 필요하다면, 익숙한 것들에 의문을 던지면서 낯선 변화를 이어온 예술가들의 상상을 배워볼 필요가 있지 않을까?

혁신을 위해서 우리는 상상을 해야 한다. 우리가 하는 그 상상을 세상은 엉뚱한 생각이라며 이해하지 못할 수도 있다. 하지만 누가 알겠는가? 그 엉뚱한 상상이 세상을 바꾸는 혁신이 될지. 다 빈치가 그랬고, 뒤샹이 그랬던 것처럼…….

생각해보기

- 앞에서 본 '숟가락 사진'은 어떻게 '꿈'이 될 수 있을까요?
- 세계를 낯설게 만든 예술적 경험의 사례를 토의해 봅시다.
- 예술적 상상은 현실세계의 문제 해결과 어떻게 융합을 할 수 있을까요?

6 과학 이슈 : 미래 사회 유전공학, 축복인가 재앙인가

이남희 | 소양·핵심교양학부

흔히 유전공학이라는 말은 일상생활에서 생명체 복제나 유전자 조작 유기체(GMO: Genetically Modified Organism)와 연관되어 더 많이 알려져 있다. 전문분야로서의 유전공학(Genetic Engineering)[43]은 19세기 생물학적 발견에서 시작해 현재 기술적으로 매우 발전하는 분야다. 최근 유전자 편집에서 3세대 기술(크리스퍼 캐스 9, CRISPR-Cas 9)이 도입되면서 더욱 빠르고, 저렴하고, 정확하며 효과적인 방법의 등장에 과학계가 주목하고 있다. 이렇게 전문가의 영역인 유전공학 분야의 기술이 왜 우리에게도 중요할까? 이는 유전공학이 전문가의 연구 영역에서만 머무르지 않게 되었기 때문일 것이다.

3세대 유전자 가위 기술이 발달하고 그래서 더 많은 과학자가 인류의 미래를 위해 다양하고 광범위한 실험이 가능하다는 사실은 기뻐할 만한 일이지만 이는 일반인에게는 사실 너무 먼 이야기처럼 느껴진다. 이런 발전으로 인류의 미래가 나아진다는 확신도 당장 와닿지

43) 생명공학(Bioengineering)의 하위분야로 분류된다.

않는 말이다. 하지만 이런 학문적·기술적 발전은 우리에게 이미 영향을 주고 있다. 유전자 조작 식품에 관한 이야기나 유전자 맞춤 아기에 관련한 기사를 종종 뉴스에서 접할 수 있게 되었다. 실제로 2018년 11월 중국에서 유전자 편집 기술로 수정된 배아를 이식해 쌍둥이가 태어났다는 소식이 전해졌다. 당시 이를 발표한 허젠쿠이(He Jiankui)는 전 세계의 주목을 받았지만 이에 대한 윤리적 논란의 중심에 서기도 하였다. 그는 2019년 12월 30일 중국법원에서 "유명세와 부를 위해서 자격과 승인이 없는 의료시술"에 대해 3년 징역형을 받았다고 알려졌다. 그의 파격적인 행보는 기대와 우려를 동시에 낳으며 우리 사회의 미래가 어떤 방향으로 갈 것인가에 대한 화두를 던져주고 있다.

그래서 여기에서는 유전공학의 과거와 현재, 미래를 살펴본 후 유전공학의 응용사례 중 우리 삶에 영향을 주는 대표적인 예시를 중점적으로 다룰 예정이다. 우선 19세기의 생물학에 획기적인 변화를 가져왔던 변화 두 가지를 간단하게 살펴보고, 유전공학의 현재와 미래를 살펴본 후 현재 우리의 삶에 어떤 기술들이 영향을 미치고 있는지 다룰 것이다. 이를 통해 기술의 발달로 인한 변화가 미래 인류의 삶에 미치는 영향을 여러모로 살펴보고 그런 변화 속에서 우리는 지금 어떤 대비를 할 수 있을지, 혹은 현재에 어떤 시각을 가지고 여러 사안을 바라보아야 하는지에 대해 생각해보고자 한다.

가. 진화와 유전의 발견

생명공학과 관련 있는 근대 생물학의 큰 변화 중 하나는 찰스 다윈의 진화론이다. 그 이전까지 생명의 창조를 포함하여 생명을 주관하는 모든 것은 신의 영역이었다. 이 영역을 넘는 것은 금기시되었으며 그래서 다윈의 진화론은 한참 동안 창조론과의 논쟁을 낳았다. 그리고 21세기에도 여전히 많은 사람은 종교적인 믿음과 과학적인 발전에 모순적인 태도를 보인다. 다윈의 진화론은 이렇듯 세계관의 통일성을 붕괴시켰다. 인류는 오랜 기간에 걸쳐 진화한 존재로 거듭났다. 신에 의해 선택받아 현재에 이른 것이 아니라 자연에 가장 잘 적응한 종이 살아남은 것이었다.

이러한 다윈의 발견은 그저 과학적인 발견으로 치부할 수도 있다. 하지만 그의 발견은 궁극적으로 인간이 자신의 존재와 운명을 절대자에게 위탁한 채 죄의식을 가지고 구원을 바라며 살지 않아도 되게 되었다는 것을 의미했다. 근대 과학적 발전의 획기적인 변화는 단순히 인류가 큰 업적을 세계사에 가져왔다는 것 이상의 의미를 지닌다. 이는 인류가 신

앞에서 무기력한 존재에서 관찰과 과학적 발견을 통해 적어도 무언가를 해볼 수 있다는 가능성을 열어준 것이었다.

다윈의 발견과 더불어 비슷한 시기 식물학자이자 성직자였던 그레고어 멘델(Gregor Mendel)의 유전법칙도 이후의 획기적인 변화에 일조하였다고 볼 수 있다. 이전에도 유전학이라고 분류할만한 개념이 없었던 것은 아니었으나 과학적 실험의 통계 결과가 나온 것은 이 시기부터이다. 유명한 멘델의 완두콩 교배 실험은 형질의 유전법칙에 대한 기본적인 이론을 정립하는 데 일조하였다. 완두에서 보이는 대립형질과 이것의 대물림이 유전의 기본단위라는 이론을 정립하면서 현재 우리가 알고 있는 유전자의 시초가 되었다. 어떤 형질은 우성과 열성으로 나뉘며 우성이 더 많은 비율로 발현된다는 우성의 법칙과 2세대 잡종에서 우성과 열성이 각각 3:1의 비율로 나타나는 분리의 법칙, 두 가지 형질을 지닌 종을 교배할 때 2세대 잡종에서 9:3:3:1의 비율로 형질이 발현된다는 독립의 법칙 등의 통계적 결과를 발표하였다. 멘델 자신은 그가 살던 시기에 명성을 얻지 못하였으나 그의 연구결과는 후대에 지대한 영향을 미쳐 유전학의 시초가 되었고 그 이후 유전자의 존재를 규명하는 데 도움을 주었다.

나. 우리 삶 속의 유전공학 : 유전자 조작 식품(GMO)과 유전자 가위 기술

우리가 현재 직접 느낄 수 있는 유전학 발전의 결과로는 유전자 조작 식품(GMO Foods: Genetically Modified Organism Foods)이 있다. 사실 유전자 조작 식품은 유전학과 유전공학의 산물이기도 하지만 오랫동안 농업 개량 기술의 일종이었다. 인류가 정착하게 된 이후 식량은 인류에게 가장 큰 고민이었다. 수렵/채집 시절과 비교하면 활동반경은 줄어들었으며, 자신들의 영역에서 무언가를 생산해서 생계를 유지한다는 것은 상상만큼 쉽게 이루어지지 않았다. 그래서 인류의 역사는 농사 기술 발달의 역사이기도 하다. 농산물의 품종 개량을 위해 여러 방법을 시도했고 그 중 효과적인 기술이 대대로 전수되었다.

이와 더불어 인류가 먹을 만한 종이 자연선택이라는 과정을 통해 진화하게 되었다. 야생 곡물이나 채소, 과일이 처음부터 인류가 배불리 먹을 만큼의 형태를 가지고 있었던 것은 아니었다[44]. 흔하게 17세기 이전의 정물화나 야생 채소를 묘사한 그림을 보면 현재 우리가 알고 있는 과일, 채소, 곡물의 형태와는 다소 다르다는 것을 금방 알 수 있다. 하지만 인

44) 야생과일 사진 참조. https://onsizzle.com/i/banana-watermelon-corn-wild-modern-8773360

류가 선호하는 형태의 먹거리로 오랜 시간에 걸쳐 변화하였다. 그래서 위에서 언급한 품종개량과 진화는 어쩌면 엄청난 기술적 발전이라기보다 우리가 자연스럽게 받아들일 수 있는 변화로 받아들이기 쉬웠다.

하지만 최근 농축산업에 사용되는 기술은 앞서 언급한 품종개량과 유사하지만, 단순히 접붙이나 교배 등을 통한 방식이 아닌 말 그대로 유전적으로 조작된 방식인 경우가 많다. 시작은 병충해 등의 취약한 부분을 교정하는 방식이었으나 이제는 산업 혹은 상업적으로 더욱 효율적이고, 값싸고, 양질의 품종을 생산하는 게 목적이 되고 있다. GM 식품들은 대개 외부 유전자를 삽입한 생명체를 의미한다[45]. 대표적으로 해충과 제초제에 저항성이 큰 슈퍼 옥수수, 쉽게 변색되지 않는 감자, 크고 쉽게 무르지 않는 토마토, 제초제에 내성을 가진 콩, 냉해에 강한 딸기, 슈퍼 연어 등이 있다.

외부 유전자를 삽입한 방식에서 암시하듯 소비자들은 이에 대한 거부감이 여전히 있음을 알 수 있다. 2019년 6월에 프레스 센터에서 열린 안전한 학교급식과 관련된 포럼에서는 GMO, 방사능, 잔류농약 없는 학교급식에 대한 요구에 전문가들이 의견을 제시하였다. 이 포럼에서는 GMO의 안전성, 소비자들의 불안감, GMO 완전 표시제 도입 등과 관련된 활발한 논의가 진행되었다[46]. 이 포럼에서 논의된 문제와 비슷하게 GMO를 둘러싼 논쟁은 GMO 식품의 안전성에 대한 불신과 GMO의 필요성이라는 정반대의 견해가 주로 맞서고 있다. 변형된 단백질을 섭취하는 것인 만큼 인체에 어떤 해를 주는지 모른다는 두려움이 존재한다. 즉 섭취할 때 안전한가의 문제는 GMO를 둘러싼 논쟁에서 가장 민감한 문제이면서 동시에 입증할 수 없는 문제이기도 하다. 어떤 특정한 사례의 부작용이 GMO 자체로 인해 발생한 것인지 아닌지 실험을 통해 입증된 사례가 거의 없어서 오히려 과학자들은 20년 이상 안전성이 확보되어왔다고 주장하고 있다.

특히 우리나라는 공식적으로 실험 재배 지역으로만 분류되어있어 자체 생산지역이 아니므로 오히려 규제가 힘든 측면이 있다. 2019년 10월 28일부터 시행된 "유전자변형 식품 등의 표시기준"에 따르면 GMO 표기가 강화되는 추세지만, 수입품목이나 사료에 쓰이는 곡물에 관한 영향에 대해서는 모두 규제하기는 현실적으로 불가능하다. 즉 GMO가 첨가된 사료로 키운 축산물이 인체에 어떤 영향을 주는지 알기 어려울 뿐만 아니라 GMO로 분류

45) 생명공학에서는 유전자 이식생물(Transgenic Organism)이라고 부른다.

46) The Science Times 6월 12일 자 기사 참조. 제23회 국민 생활과학기술포럼 "학교급식 GMO 방사능 농약(ZERO)', 과학적으로 가능한가"

해야 하는지도 불분명하다. 이런 상황에서 GMO에 대한 근거 없는 불신만 키우는 것은 학문적으로나 산업적 측면을 고려했을 때 효율적이지 않으므로 더욱 철저한 표시제와 관리감독 체계로 새로운 먹거리에 대한 철저한 신뢰를 구축하는 것이 필요하다.

***

우리가 좀 더 쉽게 체감할 수 있는 또 다른 생명공학의 발전 중 하나는 유전자 편집기술을 이용한 농축산업의 변화이다. 앞서 언급했던 GMO는 다른 방식으로 분류되는 유전자 편집기술은 외부의 유전자를 삽입하는 방식이 아닌 기존의 보유 유전자를 잘라내는 방식이다. 그래서 유전자 편집 도구인 유전자 가위가 점차 발달함에 따라 유전공학자들은 GMO와 구별되는 획기적인 변화를 기대하고 있다[47]. 대표적으로 2015년 국내외 연구진은 근육 성장을 방해하는 마이오스타틴 유전자(MSTN: 근육발달저해 유전자)를 제거한 돼지의 실험이 성공했음을 발표하였다. 더욱 쫄깃한 식감의 돼지고기를 생산하기 위해 이런 유전자 편집기술의 이용은 획기적인 도약으로 받아들여지고 있다. 그러나 동시에 농축산물이 지니는 결함을 보완하는 수준을 넘어 인류의 소비패턴이나 산업구조에 맞춰 농축산물의 유전자에 변이를 유도하는 기술은 윤리적 우려를 자아내고 있다.

원래 기존의 유전자 편집기술은 인류에게 다소 먼 미래였다. 흔히 유전자 가위라고 부르는 유전자 편집술의 기술적 수준은 2012년 이전까지만 해도 특정 국가나 특정 실험실에 국한된 제한적인 기술에 불과했다. 인류 전체에 영향을 미치는 영향력을 행사할 정도의 속도나 효율성을 지니고 있지 않았기 때문에 그 사용이 제한적이었고 그래서 윤리적 문제를 일으킬 만큼 위협적이라거나 가까운 미래에 상용화 가능성이 크지 않았다. 그런데 2012년 3세대 유전자 가위인 크리스퍼(크리스퍼 캐스 9이라고도 불림) 유전자 가위의 진화는 과학자들 사이에서 획기적인 변화로 평가받고 있다.

2012년에 발표된 3세대 크리스퍼 유전자 가위는 목표 DNA를 찾아내는 유도단백질인 RNA와 목표 DNA를 잘라내는 Cas9 단백질을 결합하여 만든 것이다. 과학자들은 이전의 1세대인 징크핑거 뉴클레이즈(Zinc Finger Nuclease, ZFN)나 2세대인 탈렌((TALENs: Transcriptor Activator-Like Effector Nucleases)의 기술보다 효율성, 신속성, 접근성 측면에서 혁신적이라고 입을 모은다. 이런 변화로 인해 유전자 가위를 사용하여 실험할 수 있는 국가들이 늘어나고 있으므로 연구속도도 이전보다 훨씬 향상되었다. 그리고 이는 이제까지

---

47) 자연적 변이에 가까운 결과가 도출되기 때문에 GMO 규제나 표기에서도 자유로울 수 있다는 점을 장점으로 생각하고 있다.

우리가 보았던 상황을 능가하여 훨씬 빠른 생명공학에서의 기술적 진보가 일어날 것을 예고하고 있다.

특히 전문가들은 에이즈나 유전질환 등의 난치병을 유전자 편집을 통해 교정하거나 태어나기 전 배아의 유전자 편집을 통해 질병의 위험 가능성을 낮추는 게 가능해질 것이라 기대하고 있다. 실제 2016년 미국에서는 암 환자에게 크리스퍼 유전자 가위 기술을 적용한 임상 시험을 하겠다는 펜실베이니아 대학교 연구진의 요청이 승인되었으며[48], 2017년 국내 연구팀은 유전자 가위를 이용해 인간 배아에서 비후성 심근증을 유발한다고 알려진 돌연변이 유전자를 제거하는 데 성공하였다[49]. 이런 변화들이 앞으로 인류에게 획기적인 변화를 가져올 것은 이제까지 과학적 발전으로 짐작해보았을 때 불가능한 일만은 아닐 것이다. 특히 암 환자들이 고통에서 벗어나고 선천적 질환을 지닌 환자들의 고통을 생각한다면 이러한 변화는 인류사에 긍정적이고 필수적인 변화다.

하지만 이런 변화에 대해 우려의 목소리가 없는 것은 아니다. 크리스퍼 유전자 가위 기술의 적용이 의학적 발전에 가져다줄 변화는 너무나 자명해 보이지만, 문제는 이런 발전에 인간 배아를 대상으로 한 실험이 포함되어있다는 것이다. 찬성하는 측에서는 동물에 대한 임상 시험을 통한 결과는 인간에게 적용할 때 온전한 결과물은 아니므로 결국은 선천적 질환의 성공 여부를 아는 방법은 인간 배아를 이용할 수밖에 없다고 주장하고 있다. 반면, 인간 배아가 실험대상이 되는 것을 반대하는 측에서는 생명의 존엄성과 기술의 불안정성 등을 이유로 들고 있다. 인간 배아를 생명으로 여기는 사람에게는 인류가 지키고 있는 존엄성이 유전자 편집 실험들로 훼손될 가능성을 우려한다. 게다가 이미 현재 우수한 난자가 암암리에 거래되고 있는 현실에서 이후 여러 가지 기술과 결합하여 맞춤형 아기를 바라는 사람들이 나오지 않는다는 보장이 없다는 것이다. 물론 이는 기술이 더욱 안정화된 후에나 가능한 이야기겠지만 가능성 자체를 원천으로 차단해야 한다고 이들은 생각한다.

또한, 3세대인 크리스퍼 유전자 가위 또한 완벽한 기술은 아니다. 사실상 인류가 인간유전체 프로그램(Human Genome Project)을 시작한 것은 1990년이며 이 지도가 완성된 것이 2003년인 만큼 인류가 생명의 비밀을 풀기 위한 노력이 시작되어 그 결실을 어느 정도 보기 시작한 것도 얼마 되지 않았다. 특히 크리스퍼 자체도 2012년에 발표되어 점차 여러

48) *The Science Times*, 2016년 6월 23일 기사.

49) *Medical Observer*, 2017년 8월 10일자 기사. 우리나라에서는 인간배아를 대상으로 한 실험이 금지되어 있기 때문에 미국 오리건 보건과학 대학(OHSU)에서 진행되었다.

나라에서 실험이 진행되고 있는 과정에 있어서 아직 유전자 가위가 목표한 유전자를 정확히 제거했는지, 안전하게 나머지 유전자가 결합하였는지, 잘못 절단되지는 않았는지를 예단하기란 쉽지 않다. 특히 유전자 편집기술은 외과적 수술이 아니므로 안전성과 안정성이 담보되지 않으면 돌이킬 수 없는 결과를 가져올 가능성이 있다. 또한, 잘못 제거되었다 하더라도 이를 확인하기 위해 너무 오랜 기간이 소요된다는 것도 단점 중 하나다.

크리스퍼 유전자가 획기적인 발명이고 과학적 진보임에는 의심의 여지가 없지만, 아직 보완해야 할 점이 많기에 규제나 안전장치 없이 자유로운 실험을 허용하는 것은 다소 위험해 보이는 것이 사실이다[50]. 그렇다면 다음 장에서는 유전자 가위의 미래라고 할 수 있는 맞춤형 아기의 문제에 대해 다루어보려 한다. 윤리적인 문제를 야기할 수 있는 여전히 논쟁적인 주제이면서 어쩌면 생명공학 분야에서 대중들의 관심이 가장 많이 쏠리는 주제라 할 수 있기 때문에 우리의 미래 사회를 조망해보기에 적합한 토론 주제가 될 것이다.

다. 유전자 가위 : 맞춤형 아기, 인류의 미래인가?

많은 사람은 여전히 생명의 고귀함을 중시한다. 아이가 태어나는 것은 축복이며 인간에게 생로병사는 아직도 풀지 못한 숙제였다. 그래서 미지의 영역으로 남아있으며 여전히 신의 영역으로 생각하는 사람도 많다. 오랫동안 인간의 손을 타지 않은 이 영역으로 우리는 서서히 접근하고 있다. 하지만 이런 기대는 유전자 가위 기술에 대해 잘 모르는 우리만의 기대일까? 3세대 유전자 가위 기술의 발명자 중 한 명인 제니퍼 다우드나(Jennifer Doudna) UC 버클리 교수는 2015년 ‘사이언스’지에 기고한 논문을 통해 크리스퍼 유전자 편집기술을 생명과 윤리적 측면에서 논의해야 한다는 의견을 밝혔다. 그는 특정 질병 가능성을 예측하여 그 위험성을 제거한 채 태어나는 맞춤형 아기 연구에 반대하였다[51]. 하지만 이런 우려의 목소리에도 불구하고 미지의 영역으로 한발 더 나아가고자 하는 열망은 쉽게 없어지지 않을 것 같다. 앞서 언급하였듯이 2018년 중국에서 허젠쿠이 박사 연구팀이 성공시켰다고 알려진 에이즈에 면역력을 갖고 태어난 쌍둥이 아기들의 사례에서처럼 생명 윤리에 관한 문제는 여전히 숙제로 남아있다.

---

50) 인간 배아 실험에 관한 한 미국, 영국, 중국은 허용하고 있고 일본은 우리나라에 비해 느슨한 규제조항을 지닌 것으로 알려져 있다.

51) *The Science Times*, 2019년 3월 18일 기사.

현재의 연구윤리 합의는 심각한 질환에 관해 제한적인 연구만 허용하고 있으며 배아의 착상은 금지되어 있어서 맞춤형 아기가 우리의 현실이 되는 것은 아직 먼 미래일 수 있다. 하지만 허젠쿠이 박사의 연구 사례에서 보았듯이 독보적인 기술이 연구윤리에 관한 규정이 확정되지 않은 상태에서 사용될 가능성은 얼마든지 있다. 얼마 전 그에게 징역형이 선고되고 더는 연구자로서 활동할 수 없게 되었다는 소식이 전해졌지만 3세대 유전자 가위가 많은 국가의 실험실에서 연구 도구로 사용되는 한 비슷한 사례가 없으리라는 보장이 없다. 이에 유전자 편집이 사용되는 임상연구에 인간의 배아를 사용하지 않도록 국제적인 협의가 선행되어야 하고 이를 총괄할 협의체가 있어야 한다는 데에 많은 나라가 동의하고 있다.

또한, 연구윤리에 어느 정도의 제한이 가해진다 해도 현재 기술이 완전하지 않다는 점도 고려해야 할 점이다. 현재까지 알려진 바로는 허젠쿠이 박사의 실험에서 제거한 특정 유전자는 다른 바이러스의 감염에 인체를 취약하게 만드는 것으로 알려져 있다. 게다가 유전자는 하나의 기능만 있는 것이 아니므로 어쩌면 정말 하나의 목적만을 위해 인간의 존엄성을 무시한 실험이라는 비난을 들을 소지가 있다.

마지막으로 전문가들이 우려하고 있는 지점은 맞춤형 아기가 상업적으로 이용당할 수 있다는 것이다. 순수한 목적의 연구로 시작되었으나 연구자들조차 맞춤형 아기 연구가 성공을 거둔다면 학자로서 명성을 얻을 수 있다. 이에 더해 유전자 회사들이 이윤추구를 위해 마케팅을 시작한다면 연구를 선도하는 집단에서 지키고자 하는 인간의 존엄성이나 연구윤리 등을 쉽게 지킬 수 없는 상황이 벌어질 수도 있다. 인류는 오랫동안 더 나은 미래와 더 나은 삶을 위해 과학을 발전시켜왔고 이런 발전에 유전공학적 기술이 도움이 된다고 하면 무조건 반대할 이유를 찾기는 쉽지 않다. 특히 자녀 교육이나 학구열이 다른 어떤 지역보다 강한 우리나라의 경우 이런 유혹에서 벗어날 수 있을지 미지수다.

라. 수업 속에서의 적용사례 Tip

수업에서 활용할 수 있는 토론 주제로 유전공학이 인류에게 기회인지 위기인지를 선정해볼 수 있다. 학생들을 찬반양론으로 나누어 토론을 시켜볼 수도 있고 양쪽의 주장에 대한 근거를 제시해볼 것을 주문할 수도 있다. 거꾸로 학습(Flipped Learning)으로 주제에 대한 이해도를 높인 후에 그룹 활동 시간에 활용하면 다양한 의견이 나온다. 또한, 유전공학을 주제로 프로젝트 수업을 진행하였을 때, 학생들이 실제로 다룬 주제는 맞춤형 아기에 대한 윤리적 논란, 미래의 맞춤형 아기 관리 공기업, 수명연장의 비밀인 텔로미어 등이 있었다.

첫 번째 맞춤형 아기의 윤리적 논란에 관련된 주제는 현재 과학계에서 논의되고 있는 전문적인 연구 영역에서의 규제나 제한과는 다소 다른 방향에 맞추어져 있다. 학생들의 관심사는 맞춤형 아기의 존재가 갖는 사회적인 영향력에 더 맞추어져 있어서 이를 국가적 혹은 사회적으로 규제하기 위해서 어떤 장치가 필요한가를 다루었다. 맞춤형 아기 탄생에 관해 토론을 해보면 가장 많이 우려하는 지점은 빈부의 격차에 따른 계급화였다. 최신 기술이나 의료시술은 당연히 고가이기 마련이고 맞춤형 아기를 시도하려는 사람들의 욕망을 과연 통제할 수 있는가에 대해 관심이 많았다. 만일 더 잘생기고 똑똑하고 건강한 유전자를 가진 혹은 부모가 원하는 유전자만을 골라 가지고 태어나는 아이의 탄생이 어느 특정한 계층 혹은 계급에 국한된다면 이를 불공평하다고 생각하는 인식이 강하였다. 그래서 주로 이를 규제하기 위한 법령이나 연구윤리를 정립해야 한다고 생각하는 결론에 도달하는 경우가 많았다.

두 번째 주제는 정확히 맞춤형 아기라고 보기는 어렵지만, 맞춤형 복제 아기를 탄생시킨 결과를 상정하고 90년 후 존재하는 공기업에 관한 것이었다. 이 프로젝트에 참여한 학생들은 아예 맞춤형 아기 탄생은 법적으로 금지되어 있다고 전제하였고, 다만 선천적인 질병 유전자를 지니고 태어날 것이 예상되는 아이의 부모가 자신의 아이를 복제할 수 있게 된 사회에 존재하는 공기업을 소개하였다. 이 공기업은 복제된 아이를 전 생애 동안 돌보는 국가 산하 기업으로 필요한 장기를 제공하고 난 후에 최고의 교육과 사회적 혜택을 받을 수 있도록 평생 관리하는 역할을 담당한다. 비현실적인 주제라고 볼 수도 있지만, 학생들이 이런 기업 형태를 만들어 낸 과정은 상당히 치밀했다. 현재에 출간되어 있는 미래에 관한 전망을 다룬 서적을 참조하여 실현 가능한 시나리오를 짰고 그에 근거한 회사의 세부조직구조와 발생할 수 있는 문제, 그리고 원인분석을 통해 자신들만의 운영 규칙을 정하였다. 그리고 질문에 대비해 여러 가지 예측 가능한 문제점들에 대해 대비를 하기도 하였다. 이런 주제는 당장 현실적인 문제의 해결책을 제시하는 것과는 거리가 멀지만, 학생들에게 창의적인 사고로 미래를 예측해보고 그에 따른 문제점과 원인분석 그리고 해결책을 도출해보는 좋은 연습이 되었다.

세 번째 주제는 유전공학의 발달로 인해 인류가 장수의 요인을 통제하게 되는 상황을 가정하여 200살까지 살 수도 있다는 가상의 상황을 전제로 하였다. 세포의 시계로 알려진 텔로미어의 기능과 노화 방지를 위한 연구자료를 모아 실제 수명연장 기술이 머지않은 미래에 인류에게 적용될 수 있음을 이야기한 뒤 이런 상황이 벌어졌을 때 어떤 선택을 할 것인지 흥미로운 토론 주제를 제시하였다. 흔히 생명 연장을 인류의 꿈인 것처럼 당연시하는 경우가 많지만 의외로 학생들은 그렇게 오래 살고 싶지 않다는 의견을 제시하기도 하였다.

이렇게 유전공학 관련 주제는 생각보다 다양하여 학생들이 주제 선정을 할 수 있는 범위가 넓고 여러 가지 사회적 파장이나 영향을 가늠해볼 수 있는 장이 될 수도 있다는 점에서 〈상상력 이노베이터〉라는 과목에서 다루기에 흥미롭고 유용하다. 아래의 토론하기를 통해 유전공학 영역에서의 창의적 사고를 더 늘려가는 연습을 해보자.

토론하기

미래의 유전공학 기술에 대한 긍정적 혹은 부정적 전망에 대한 사전 정보를 근거로 다음에 대해 생각해보자.

- 유전자 가위 기술이 상용화된다면 어떤 것을 활용할 것인가?
- 어느 범위까지 허용해야 할지 법령을 함께 제정해보고 법령에서 드러나는 주요한 사회적 가치는 무엇이라고 생각하는지 함께 결론을 도출해보세요.
- 유전자 가위가 상용화되어 여러 기술이 적용된 시대에 우리가 해야 하는 노력은 무엇일까?

| 참고문헌 |

- 권은중, 『음식경제사: 음식이 만든 인류의 역사』, 인물과 사상사, 2019.
- 제니퍼 다우드나, 새뮤얼 스턴버그, 『크리스퍼가 온다: 진화를 지배하는 놀라운 힘, 크리스퍼 유전자 가위』, 프시케의숲, 2018.
- 케이틀린 셰털리, 『슬픈 옥수수: 우리의 음식, 땅, 미래에 대한 위협 GMO』, 풀빛, 2018.
- 전방욱, 『DNA 혁명 크리스퍼 유전자 가위: 생명 편집의 기술과 윤리, 적용과 규제 이슈』, 이상북스, 2017.

| 참고영상 |

- EBS 과학다큐 비욘드, 유전자 가위 신의 도구인가
- https://www.ebs.co.kr/tv/show?courseId=10027453&stepId=10030459&lectId=10675022
- 유전자 재조합 식품, 알고 먹자! / YTN 사이언스 https://www.youtube.com/watch?v=YJKmoaexRgk

PART Ⅳ

PBL 활동 방법 및 사례

PART

Ⅳ PBL 활동 방법 및 사례

1 PBL 활동 과정

가. PBL이란 무엇인가?

많은 사람이 4차 산업혁명 시대 이상적인 인재상 역량으로 "창의", "융합", "협력"을 말한다. 혹자는 이를 "협력하는 괴짜"라고 부르기도 한다. 융합하여 문제해결을 하기 위한 최적의 교육방법으로 떠오는 것이 바로 집단창의성을 강조한 '프로젝트 중심 교육(PBL, Project Based Learning)'이다.

프로젝트 중심 교육에서는 종전의 강의법을 지양하고 문제를 해결해 나가는 과정을 통해 학습하도록 한다. 이는 1950년대 중반 캐나다의 한 의과대학에서 개발되었다고 하는데, 의과대학의 경우 환자의 상태에 대해 정확한 진단을 내려 실행하기 위해서는 기본지식뿐만 아니라 가설을 세우고, 가설검토를 위한 자료수집, 자료분석, 자료종합, 최종진단과 처방 제시와 같은 복잡한 문제해결을 위한 능력이 필요했다.

PBL의 기본이념은 강의자 중심 학습이 아닌 학습자 중심의 학습으로 "문제해결"을 강조한다는 점이며, 이때 교수자는 튜터(tutor) 역할을 한다. 학생들은 교사에게 일방적으로 가르침을 받는 것이 아니라 스스로 경험을 통해 배움을 만들어 가며, 지식을 외우기만 하는 것이 아니라 서로 간의 상호작용을 통해 자신이 아는 것을 말하면서 명확히 하고 다른 친구들은 이것을 경청하며 지식을 얻고, 또한 이에 의문을 제기하며 상호적 지식을 교환하며 쌓아간다. PBL에서 교육의 주체가 되는 학습자는 실제적이고 복잡한 질문, 문제 등을 스스로 탐구하여 지식과 기술을 배워나가게 된다.

꽤 오래전에 등장한 개념이 4차 산업혁명 시대 교육의 방법론으로 재조명받는 이유는 무엇일까? 왜냐하면 4차 산업혁명 시대에는 지식을 머릿속에 암기하여 답을 제시하는 것이 필요한 것이 아니라 모든 답은 인터넷에 있기 때문에 어떠한 질문을 하느냐에 따라 답이 달라지며, 정답을 맞히기보다는 문제를 찾고, 팀워크를 통해 최상의 답을 찾아내는 것이 자신이 지식을 지니고 있는 것보다 더 우위에 있기 때문이다. 융합과 협력이 중요한 4차 산업혁명 시대에는 결코 혼자서 뛰어난 결과물을 창출할 수 없다. 다르게 생각하고, 실패를 두려워하지 않으며, 열정을 가진 괴짜들이 서로 협력하는 방법을 익히고 학습하는 것이 더욱 중요하다.

나. PBL 과정

PBL을 어떠한 방식으로 진행할 것인가는 교수자 또는 학습자에 따라 달라질 수 있다. 교수자는 CPS 창의적 문제해결 방법을 통해 PBL의 단계를 이끌 수도 있으며, 그 외에도 자신들의 방식에 의해 문제를 규명하여 자료를 조사하고 이를 바탕으로 아이디어를 제시하여 해결안을 도출할 수 있다. PBL 과정을 선택하는 것처럼 PBL 과정에 대한 결과를 공유하는 방식도 나양하게 선택할 수 있는데, 뒤에 문화이슈 사례처럼 PBL을 3단계로 구성하여 모든 팀들이 3단계에 맞게 세 번의 발표를 하는 방법을 선택할 수도 있으며, 결과에 대한 것을 구두발표로 또는 그것을 상징할 수 있는 영상, 연극, 무용 등 다양한 방법으로 구현할 수 있다.

이처럼 PBL의 단계와 결과물에 대한 것을 교수자와 학생들 간의 협의를 통해 다양한 방식으로 구현할 수 있지만 핵심적으로 PBL에서 목적하는 바는 "문제를 규명하여 해결하는 것"이라 할 수 있다. 이를 간단히 모형으로 표현하자면, 현상을 파악하여 해결책을 나련하는 것이라 할 수 있다.

이러한 2단계 모형을 4단계 모형으로 진행한다면, 학습자들은 문제인식 → 문제파악 → 해결안 도출 → 해결안 평가의 과정을 거쳐 문제를 해결해 나갈 수 있다. PBL 과정은 학습자가 주체가 되어 실제, 또는 가상의 문제를 다루며 해결책을 찾는데 보통 5~7명의 소그룹이 팀을 이뤄 문제를 스스로 정하고 팀 내에서 역할 분담을 해서 자료수집, 분석 등을 거쳐 솔루션을 발견하게 되는데, 이 과정에서 자기주도적 학습과 협동 학습이 강조된다.

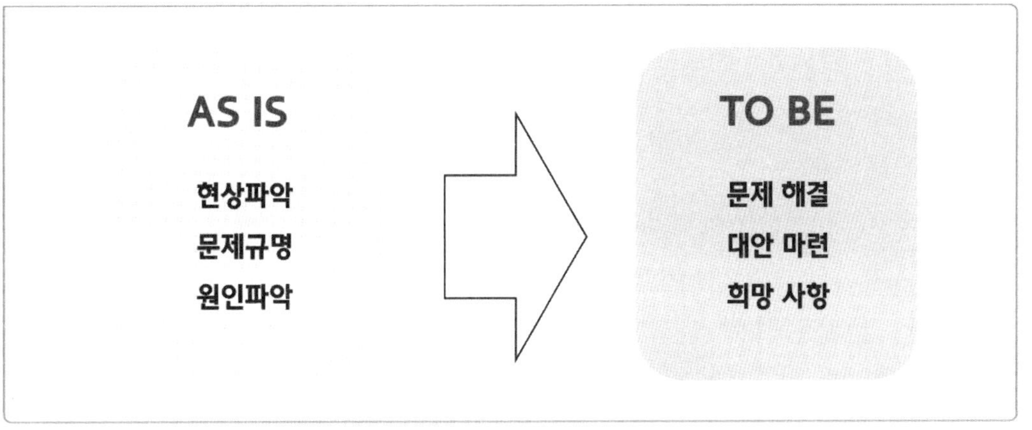

[그림] PBL 문제해결 2단계 모형 AS IS- TO BE 모형

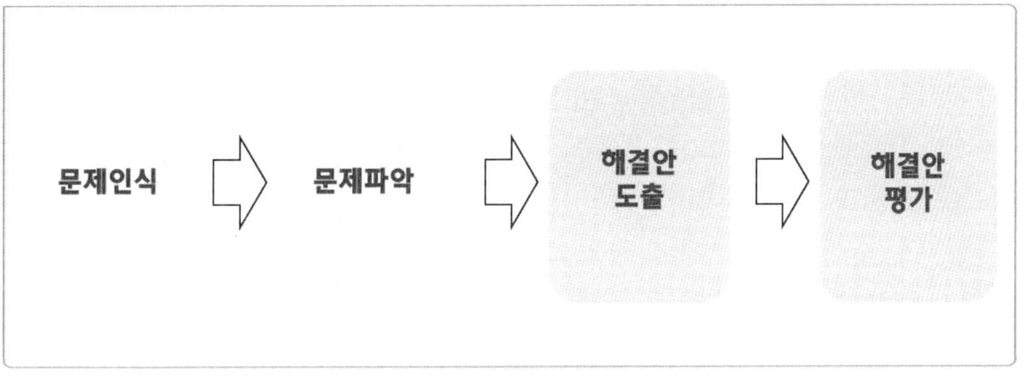

[그림] PBL 문제해결 4단계 모형

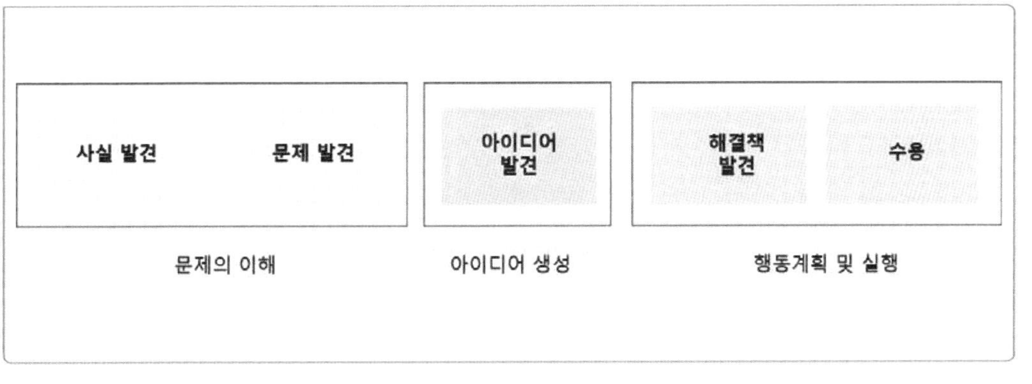

[그림] PBL 문제해결 오스본-파네스의 CPS 모형

마지막으로 앞서 집단지성의 창의적 문제해결의 5단계 CPS 모형을 소개한다. 용어가 조금 다른 부분은 있지만 문제를 인식하고, 규정하여, 해결안을 도출해서 평가하는 것은 모두 동일하다 할 수 있다.

다음 장에서는 이러한 문제해결 방법 과정을 통해 실제로 학생들과의 팀 활동을 통해 발굴될 우수 사례를 소개하고자 한다. 첫 번째 우수 사례는 문화이슈에 대한 것으로 세 번에 걸친 발표를 통해 문제해결 단계까지 PBL을 실시하였다. PBL을 구분하였다는 점에서는 장점도 존재했지만 학생들의 부담이 많았다는 측면에서 보완점이 필요하다 평가되었다. 두 번째 우수사례는 사회이슈 사례로 껌이라는 주제를 통해 버려지는 껌이라는 주제로 다소 좁은 접근을 통해 여러 아이디어를 제시한 PBL이다. 기존의 방식이 아닌 자신들의 방식을 추구했다는 측면에서 좋은 점수를 받았다. 마지막 사례는 유전자 가위에 대한 내용이다. 미래과학 기술의 경우 지금 당장 문제가 발생되지 않은 이슈들이 존재하기 때문에 문제가 발생된다면 어떠한 측면에서 보완되어야 할까에 대한 상상력을 발휘하는 것이 중요시 되었다. 각각의 분야별 사례를 통해 PBL 과정의 이해를 돕고자 한다.

2 문화 이슈 학생들 PBL 베스트 사례 : 유튜브의 '자극적 콘텐츠' 양산에 대한 문제

이 발표를 선정한 것은 학생들 스스로 문제를 찾고 해결하기까지의 과정이 치밀하게 이루어졌기 때문이다.

이 발표는 2019년 2학기 상상력 이노베이터: 문화적 차이를 이해하는 공감력 7반의 발표[52) 가운데 하나이다. 담당교수는 처음부터 '세부적인 문제'를 지정하지 않고 수업 당시 이슈가 되고 있는 문화 현상 가운데 하나로 '유튜브'라는 키워드만을 제시하였다. 이후 발표자들은 문제 탐구, 해결 아이디어, 최종 발표에 이르는 3단계의 발표 과정을 거치며 스스로 '유튜브'라는 문화 현상에서 만들어진 문제들을 파악하고 이를 해결하기 위한 창의적 결과물을 제출하였다.

52) 발표자 : 고수정(1771456), 노효선(1554096), 성선옥(1791216), 홍준택(1592077)

가. 1차 발표 : 문제탐구 – You Tube란 무엇인가? 그리고 어떤 문제가 있는가?

1차 발표에서는 유튜브의 정의와 현재 우리 사회에서 유튜브가 가진 위상에 대해 알려주었다. 발표자들이 먼저 주목한 것은 현재 우리사회에서 유튜브가 어떤 위치를 차지하고 있는지에 대한 것이었다. 세대별 사용앱 순위 데이타를 통해 유튜브가 전 세대를 아울러 대표적으로 사용하는 앱이라는 사실을 알 수 있었다. 또 초등학생들의 희망 직업 가운데 유튜버라는 직업이 전체에서 5위를 차지할 만큼 유튜브와 유튜버가 대중들 사이에 많은 인기를 끌고 있다는 점을 확인시켜 주었다.

그리고 유튜브가 전세계 사람들과 소통의 창구로서 기능하고, 다양성을 확산시키고, 영상으로 직관적인 정보를 공유할 수 있고, 효과적이고 생동감 있는 교육이 가능하다는 점을 유튜브의 긍정적인 측면으로 지적하였다.

반면 유튜브 운영에 있어 야기된 여러 사회문제들에 대해서도 지적하였다.

첫 번째로 유튜브 채널 가운데 높은 수익을 올리고 있는 대표 채널인 키즈 채널에 대한 것이다. 키즈 채널의 경우 아이들이 주인공이 되어 여러 행동들을 하는 모습을 동영상으로 담고 있는데 자연스러운 모습이 아니라 기획된 주제에 의해 아이들을 연기시키고 이를 위해 아이들을 강제로 촬영시키는 등의 아동 학대가 이루어지는 등 키즈 채널 운영 실태의 문제점을 지적하였다.

두 번째는 청소년에게 유해한 영상들에 대한 것이다. 유튜브 동영상 사이에 등장하는 광고들 가운데 선정적인 게임 광고들이 무분별하게 등장하거나 유명 유튜버가 특정 비속어를 사용하면서 청소년 사이에 그 비속어가 유행하는 현상, 이용자를 유입시키기 위해 만든 자극적인 썸네일 등이 그것이었다.

세 번째는 가짜뉴스의 제작과 확산 등을 문제로 지적하였다.

그리고 발표자들은 이와 같은 문제들이 발생하는 것은 매크로를 이용한 조작, 추천 알고리즘, 방심위 심의나 제재의 미약함, 명확하지 않은 자체 규정, 이중적 대처 등 복잡한 원인이 얽혀 발생하였음을 지적하였다.

Youtube
1771458 고수경
1554098 노효선
1791216 성선호
1592077 홍준태

INDEX
01. Youtube 소개
02. Youtube의 문제점
- 키즈채널
- 청소년에게 유해한 영상
- 가짜뉴스
03. 출처

Youtube 유튜브
• 전 세계 최대 무료 동영상 공유 사이트
• 사용자가 영상을 시청/업로드/공유 가능
• 2005년 2월, 페이팔 직원이었던 채드 헐리, 스티브 첸, 자베드 카림이 공동 창립
• 2006년 구글이 인수
• 2008년 1월 23일 한국어 서비스 시작
YouTube

<2017년 동영상 앱 사용자 순위>
<2018년 4월 연령별 앱 총 사용시간中 유튜브 순위>
10대
20대
30대
40대
50대+
1위
1위
1위
1위
2위

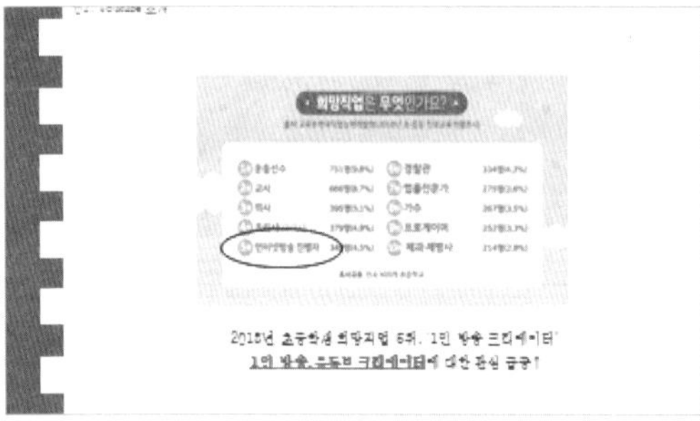
희망직업은 무엇인가요?
2018년 초중학생 희망직업 5위, '1인 방송 크리에이터'
1인 방송, 유튜브 크리에이터에 대한 관심 급증!

유튜브의 긍정적 측면
• 전 세계 사람들과의 소통의 창구
• 다양성의 확산
• 영상을 통해 쉽게 정보 공유 가능
• 직관적인 정보 전달 가능
• 효과적이고 생동감 있는 교육 가능
YouTube
YouTube

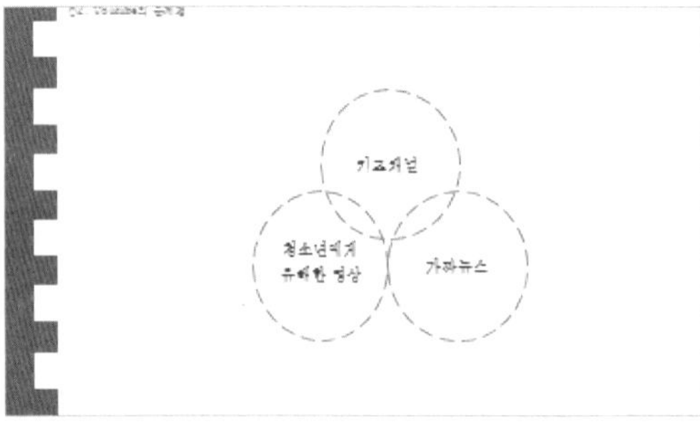
키즈채널
청소년에게 유해한 영상
가짜뉴스

(1) 키즈채널

(2) 청소년에게 유해한 영상
- 필터를 거치지 않는 선정적 광고
- 유명 유튜버들 중인, 유행처럼 번진 비속어
- 다음에 볼 영상으로 추천되는 영상 콘텐츠
- 자극적, 선정적인 영상/썸네일
YouTube
일부다처제 체험하자!!
나랑사귀자
오빠진짜 왜그래요...

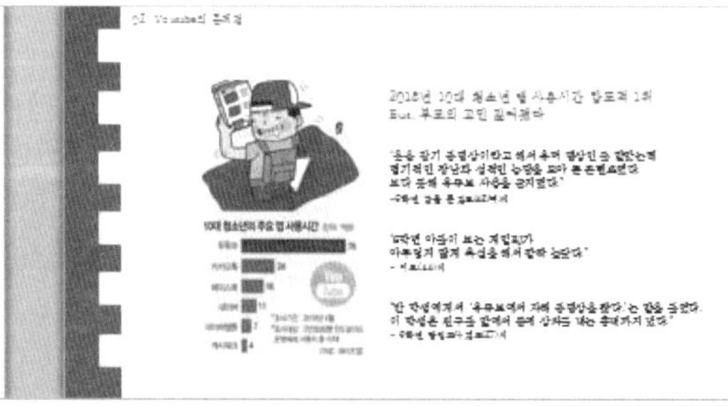
2018년 10대 청소년 앱 사용시간 압도적 1위
But, 부모의 고민 깊어졌다
10대 청소년의 주요 앱 사용시간

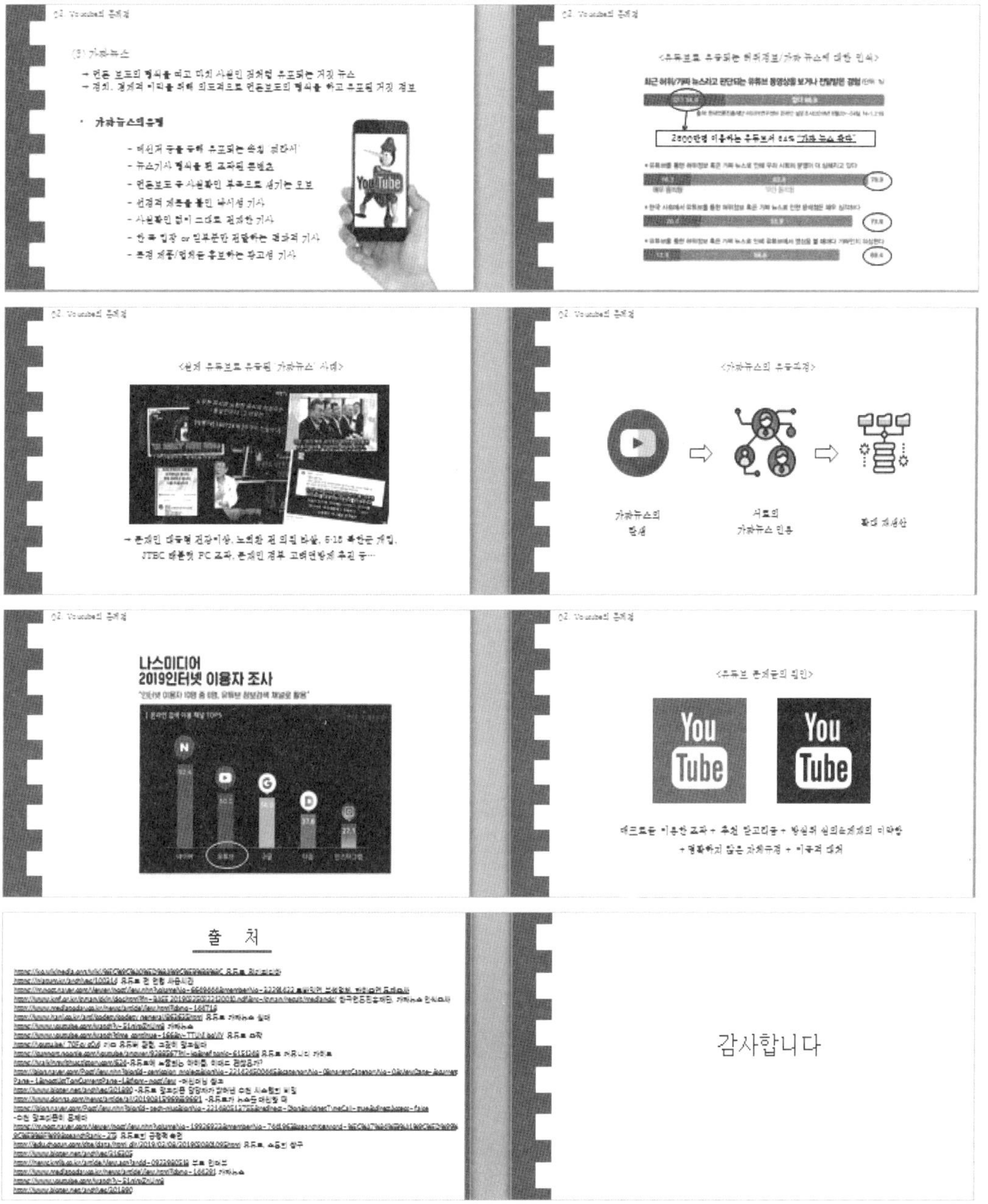

1차 발표를 통해 유튜브가 현재 우리사회에서 가진 위치와 이로 인해 야기되는 문제점들을 자세히 알 수 있었다. 그러나 지적한 문제들 각각 모두 큰 문제였기 때문에 이 중 한 가지를 선택하는 것은 어려운 일이었다. 또 발표의 마무리에서 현 문제들의 원인이 복잡하게 얽혀 있다는 점을 지적하면서 '해결해야 할 문제' 한 가지를 선택하는 것이 쉽지 않았다.

청중들과의 피드백을 통해 발표자들이 하나의 문제를 선택하거나 발생하는 문제들을 종합적으로 보는 방법을 선택하는 것이 좋겠다는 의견이 취합되었다.

나. 2차 발표 : 문제 해결 아이디어 발표 – '자극적 콘텐츠' 양산을 막을 수 있는 방법은?

이어진 2차 발표를 위해 발표자들은 앞서 이루어진 발표에서 얻은 피드백을 통해 유튜브에서 야기되는 문제들을 종합적으로 바라보는 노력을 기울이기로 하였다. 그 결과 발표자들은 이렇게 유튜브로 야기된 문제들의 공통점이 '자극적인 콘텐츠'가 양산되는데 있다는 점을 발견할 수 있었다. 욕설, 폭력성, 선정성, 허위 내용의 사실화, 범죄 유사 행위 등이 포함된 영상 등이 그것이었다.

이에 이런 '자극적 콘텐츠'를 줄일 수 있는 세 가지 아이디어를 제시하였다.

첫 번째는 '유튜브 프라이즈'이다. 이는 넷플릭스에서 추천 알고리즘을 만들기 위해 개최한 '넷플릭스 프라이즈'를 벤치마킹하여 만든 것으로 유튜브 프로그램에서 자극적인 콘텐츠를 걸러내는 알고리즘을 민들기 위한 대회를 개최하는 것이다. '넷플릭스 프라이즈'는 높은 상금을 걸고 추천 알고리즘 프로그램을 만들기 위한 대회를 개최해 추천 알고리즘 시스템을 구축할 수 있었고 넷플릭스의 추천 알고리즘이 훌륭하다는 마케팅 효과도 얻을 수 있었던 성공적인 대회였다. 이에 따라 발표자들은 '유튜브 프라이즈'를 통해 자극적인 콘텐츠를 걸러낼 수 있는 알고리즘 프로그램도 얻고 대중들에게 유튜브에는 자극적인 콘텐츠가 걸러지고 있다는 대중적 홍보도 얻을 수 있을 것으로 기대하였다.

두 번째는 '그린버튼 캠페인'이다. 이는 현재 운영되는 실버, 골드버튼에서 착안한 것으로 '그린버튼'이라는 버튼 체계를 하나 더 만들어서 유해한 콘텐츠를 올리지 않는 유튜버에게 부여하는 것이다.

세 번째는 유튜브 제작자가 스스로 이용 연령을 안내하는 '안내 문구 삽입 캠페인'이다. TV나 영화와 같이 시청 관람 등급 안내 문구를 유튜브 영상도 삽입해서 자신의 영상에 대한 적정 연령을 인식시켜 주는 것이다.

Youtube
1771456
1554096
1791216
1592077

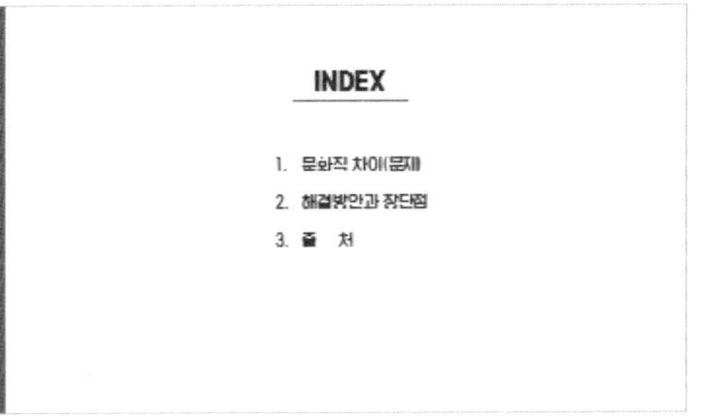
INDEX
1. 문화적 차이(문제)
2. 해결방안과 장단점
3. 출 처

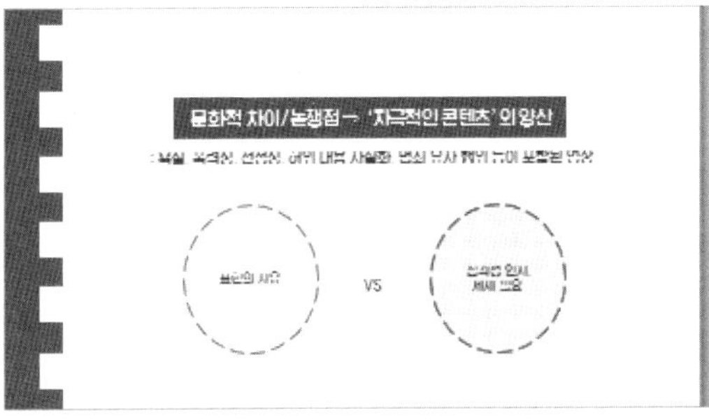
문화적 차이/논쟁점 → '자극적인 콘텐츠'의 양산
VS

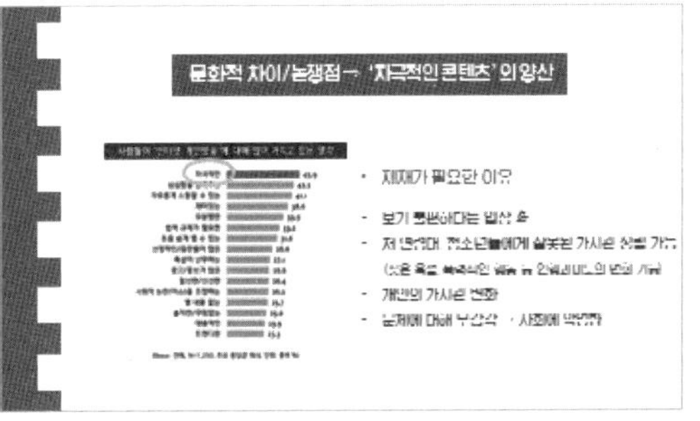
문화적 차이/논쟁점 → '자극적인 콘텐츠'의 양산

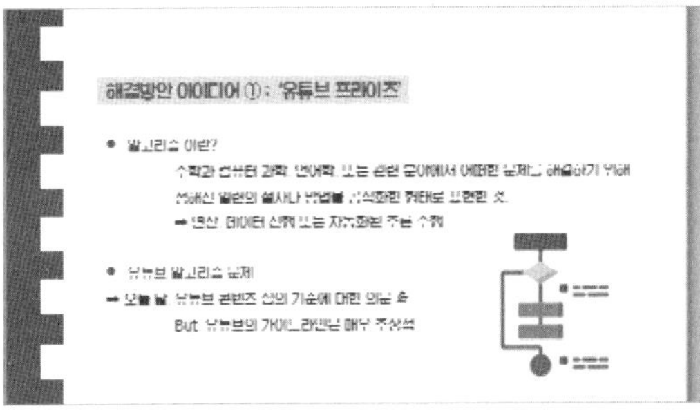
해결방안 아이디어 ① : '유튜브 프라이즈'

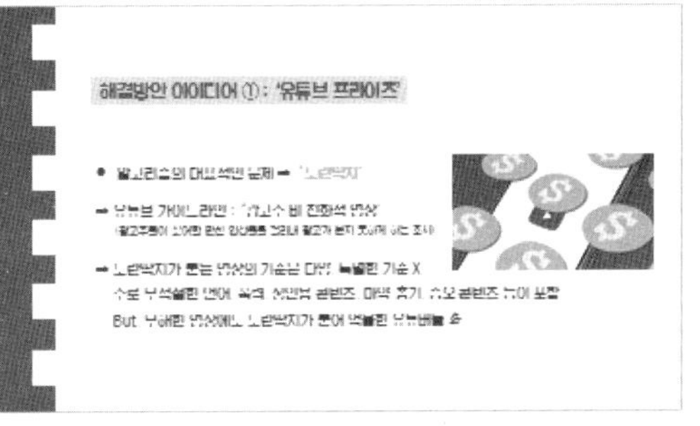
해결방안 아이디어 ① : '유튜브 프라이즈'

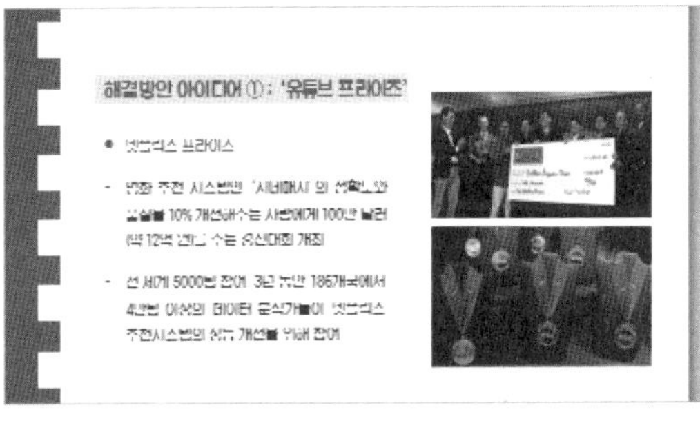
해결방안 아이디어 ① : '유튜브 프라이즈'

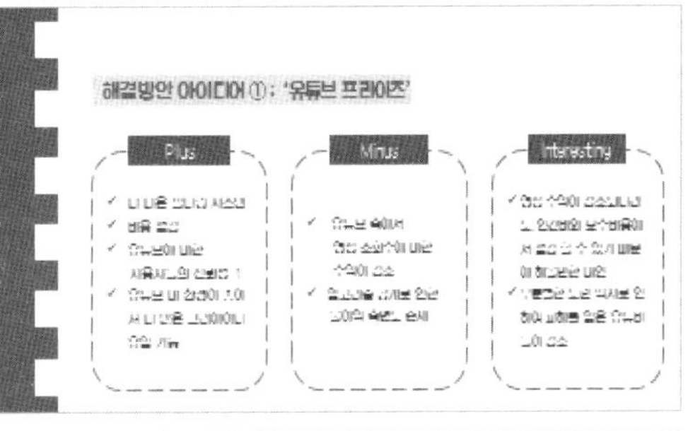
해결방안 아이디어 ① : '유튜브 프라이즈'
Plus
Minus
Interesting

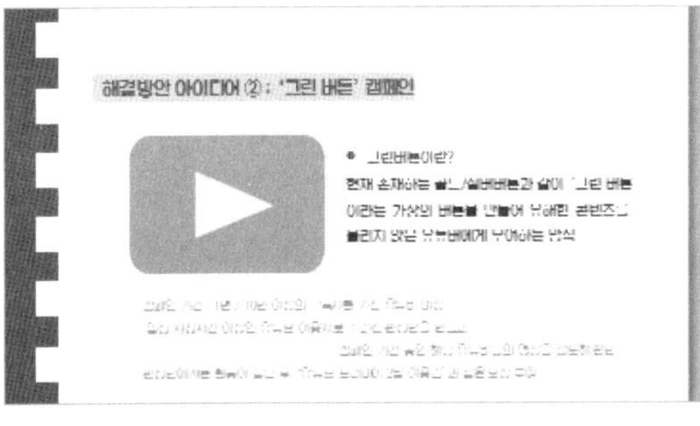
해결방안 아이디어 ② : '그린 버튼' 캠페인

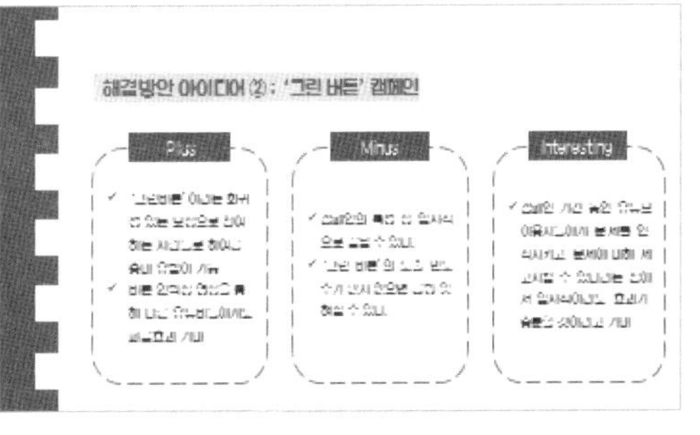
해결방안 아이디어 ② : '그린 버튼' 캠페인
Plus
Minus
Interesting

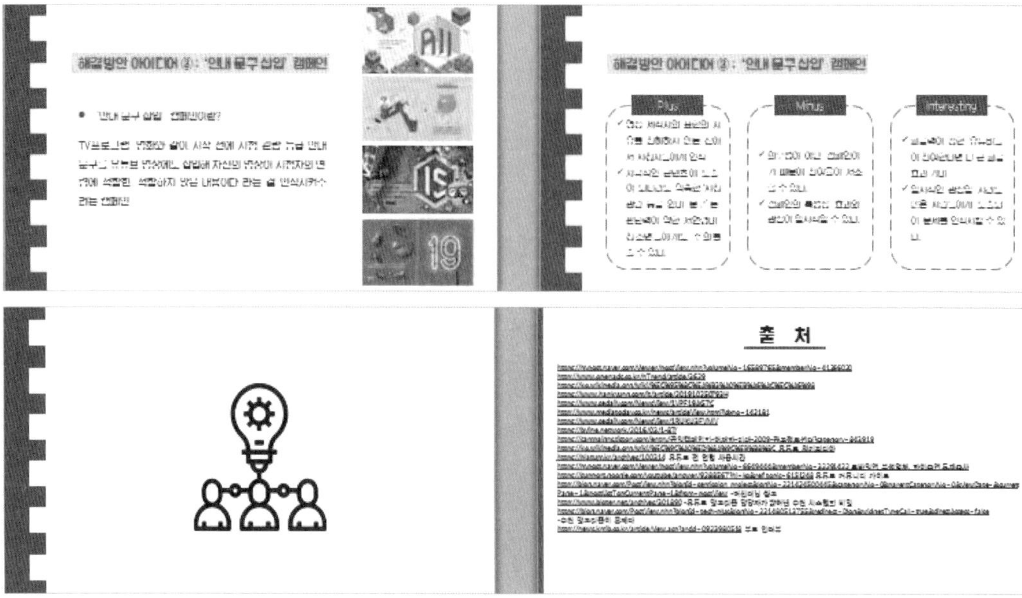

발표 후 청중들은 세 가지 의견이 가진 각각의 흥미로운 효과에 대해 주목하였다. 이에 청중들과의 의견 교류를 통해 하나의 아이디어를 결정하지 못하고 발표자들이 숙의 후 실제 해결 가능성이 가장 높을 것으로 짐작되는 하나의 아이디어를 선정하기로 하였다.

다. 3차 발표 : 최종 발표 – '그린버튼 챌린지'

최종 발표에서는 앞서 제시한 세 가지 아이디어 가운데 '그린버튼 챌린지'를 선택하여 이를 구체적으로 실현하는 방안을 제시하였다.

'그린버튼 챌린지'는 여러 유튜버들에게 자극적인 콘텐츠를 만들지 말자는 캠페인이다. 구독자 10만이 넘고 한 달에 3~4개의 동영상을 올리는 유튜버 가운데 이 챌린지에 참여할 유튜버를 모집하고 성공하면 '그린버튼'을 수여하는 것이다. 그리고 이 그린버튼을 주는 것은 그린버튼 서포터즈들에 의해 이루어진다. 그린버튼 서포터즈는 특별 선정된 일반 사용자들로, 이 챌린지에 참가한 유튜버들의 콘텐츠를 무작위로 시청하고 자극적이지 않은 건전한 콘텐츠에 점수를 부여한다. 부여된 점수들의 합산이 목표점에 이르면 그린버튼을 수여하는 것이다.

그리고 이와 같은 챌린지를 통해 축적된 '자극적인 콘텐츠'에 대한 기준은 유튜브의 필터링 시스템에도 보완되어 유튜브 내에서 자체적으로 '자극적인 콘텐츠'를 걸러낼 수 있는 시스템 구축에까지 도달할 수 있을 것으로 기대하였다.

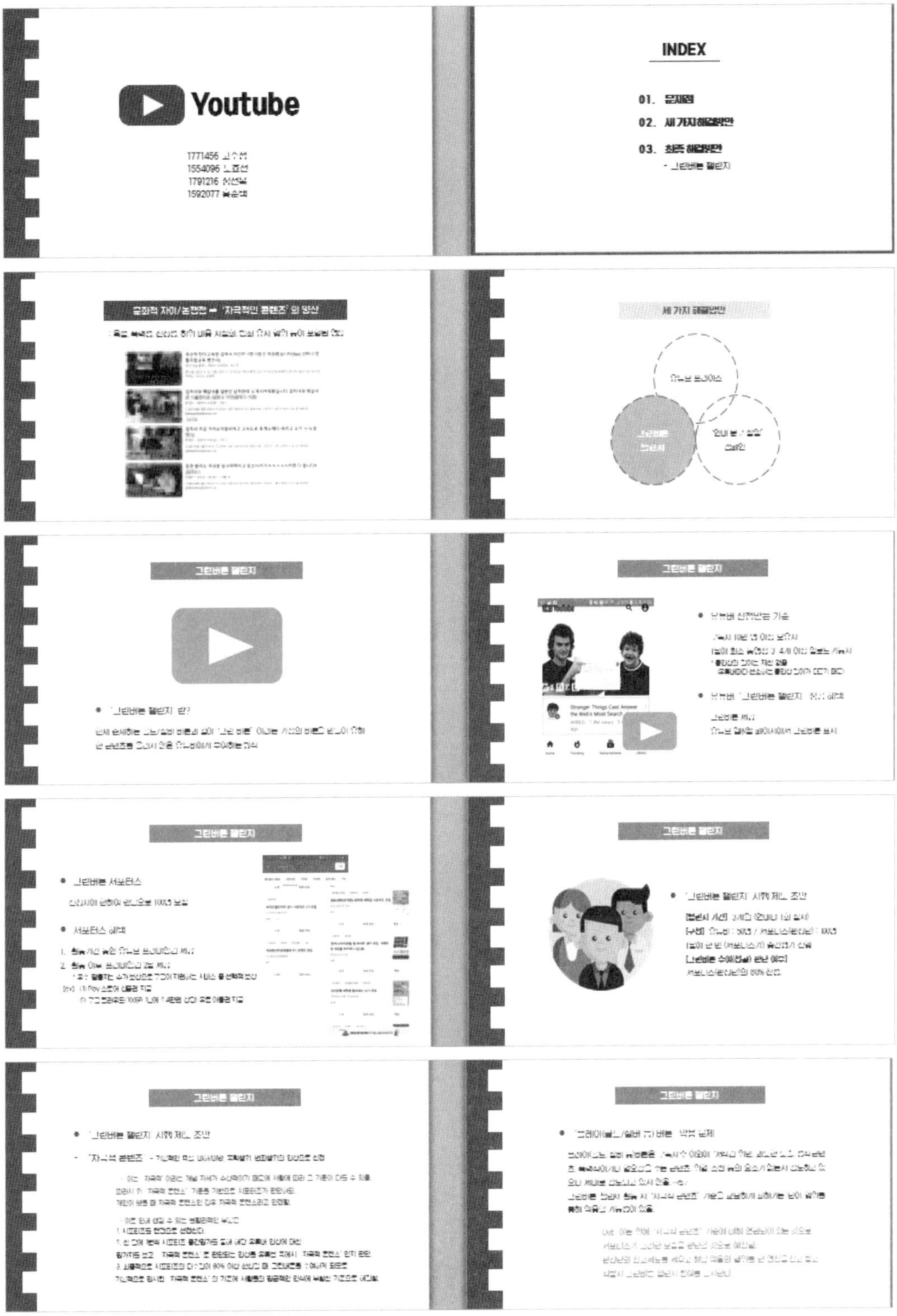
Youtube
INDEX
01. 문제점
02. 세 가지 해결방안
03. 최종 해결방안
- 그린버튼 챌린지
세 가지 해결방안
그린버튼 챌린지

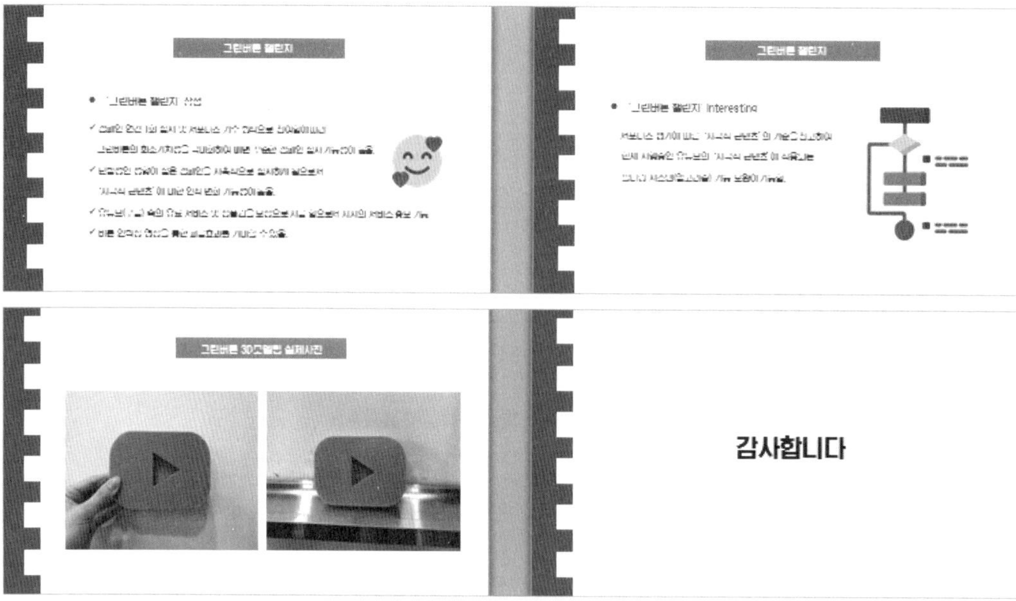

마지막 최종 발표에서는 실제로 3D 프린터로 제작한 '그린버튼'을 보여줌으로써 청중들의 호응을 이끌어 낼 수 있었다.

3 사회 이슈 학생들 PBL 베스트 사례 : '버려지는 껌에 대한 재발견'

가. 베스트 사례 선정 이유 1 : 주제의 신선함

사회 이슈 PBL 베스트 사례의 제목은 '버려지는 껌에 대한 재발견'이다. 사회 이슈라 하면 많은 사람들이 아마도 국가적 차원에서의 사회적 문제(예: 고령화, 인터넷 중독, 고독사 등)를 생각하기 쉽다. 여기에서 소개하는 사회 이슈는 크다면 큰 주제라고 볼 수 있고, 작다면 작은 주제라고 볼 수 있는 주제다. 바로 '껌'에 대한 이야기이다. 껌은 흔히 가지고 다닐 수 있고, 쉽게 살수 있어 내가 공감하고 쉽게 접근 할 수 있는 물건이다. 그러한 점에서는 생활 밀착된 범위가 작은 주제로 느껴질 수 있다. 하지만 다르게 보면 껌은 사회적 환경 문제로도 생각할 수 있는 주제임으로 나만의 문제가 아닌 분명 사회적 문제라 볼 수 있다. 이러한 주제의 특수성이 흥미를 일으킬 수 있었고, 이러한 측면에서 재미있는 주제라 생각하였다.

나. 베스트 사례 선정 이유 2 : 원인에 대한 주체적 의견 및 조사

사회 문제의 경우, 사회적으로 이슈가 되는 문제를 말할 때가 많기 때문에(예: 고령화, 고독사, 인터넷 중독 등) 신문이나 연구, 또는 블로그 등에 정리되어 있는 글을 정리하거나 이미 분석이 되어 있는 자료들을 체계화하여 원인 분석을 하는 것이 대부분이다. 이미 있는 자료들을 통해 자신들의 언어로 체계화하고 시각화하는 것도 핵심적이고 좋은 역량이며 이 또한 PBL에서 중요하게 다뤄지고 있다. 그러나 이 팀이 선택한 '껌'의 주제는 기존에 있는 자료의 분석으로는 원인을 찾기 쉽지도 않을 뿐만 아니라 자신들이 공감할 수 있는 주제이기 때문에 이들은 자신들의 주체적인 의견으로 원인을 규명하고, 이에 대한 근거를 마련하기 위해 주변 친구들과 자신들에게 의견을 수렴하여 원인을 규명하였다. 아래의 ppt 5페이지를 보면, 껌이 버려지는 이유를 '껌 종이의 크기', '껌딱지에 대한 인식부족', '껌종이 분실'로 선정하고 이에 대한 각각의 증거와 근거를 마련하여 이들을 어떻게 해결할 수 있을지를 정리하는 흐름으로 PBL을 실시하였다. 특히 눈에 띄는 것은 자신들이 설문을 통해 다른 사람들의 의견을 들어서 노력을 기울였다는 점이다.

다. 베스트 사례 선정 이유 3 : 기존의 문제해결 방법과 자신들만의 문제해결 방법을 적절하게 조합하여 제시

원인에 대한 분석을 한 이후 이 팀에서는 버려지는 껌에 대한 해결책으로 해외의 사례를 몇 가지 소개하였다. Gum Tech로 껌의 원료를 재가공하여 상품을 만든 것들 그리고 Gum Artist인 Ben Willson도 소개하였다. 그러면서 이 팀에서는 버려진 껌에 아트를 한다면 어떠한 아트가 가능할지에 대해서 자신들이 직접 그림을 그려 이러한 그림도 가능함을 보여주었다.

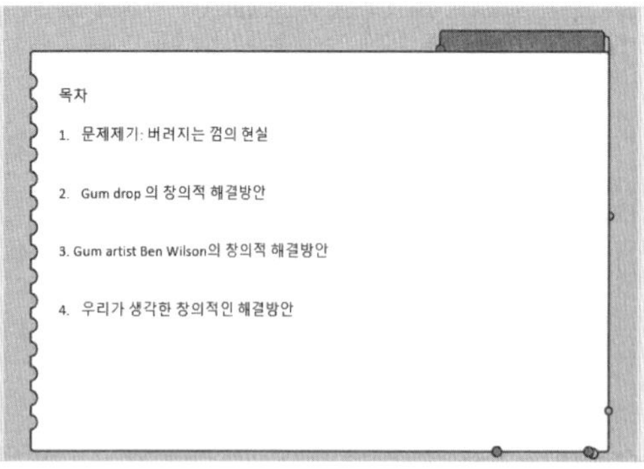
목차
1. 문제제기: 버려지는 껌의 현실
2. Gum drop 의 창의적 해결방안
3. Gum artist Ben Wilson의 창의적 해결방안
4. 우리가 생각한 창의적인 해결방안

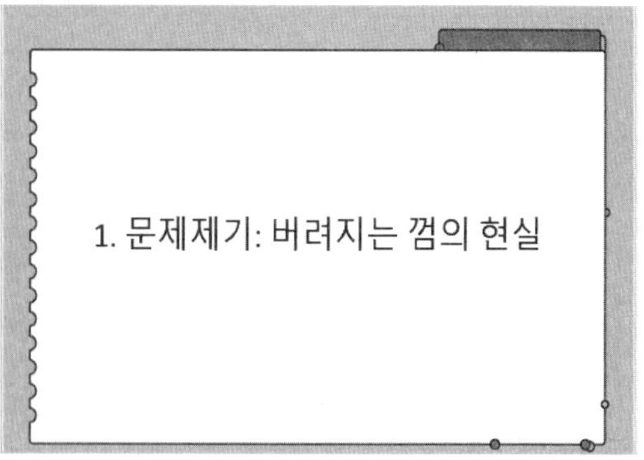
1. 문제제기: 버려지는 껌의 현실

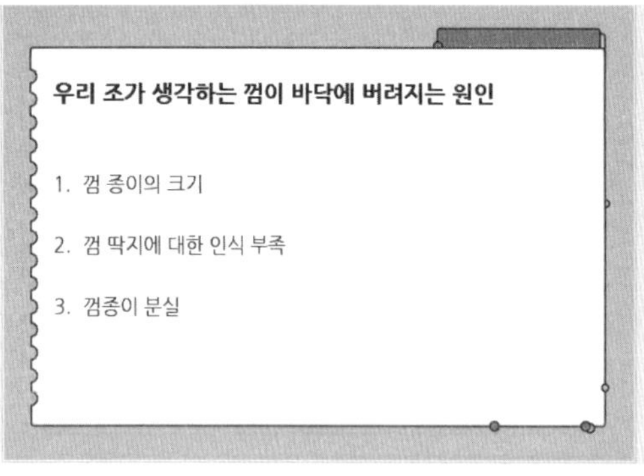
우리 조가 생각하는 껌이 바닥에 버려지는 원인
1. 껌 종이의 크기
2. 껌 딱지에 대한 인식 부족
3. 껌종이 분실

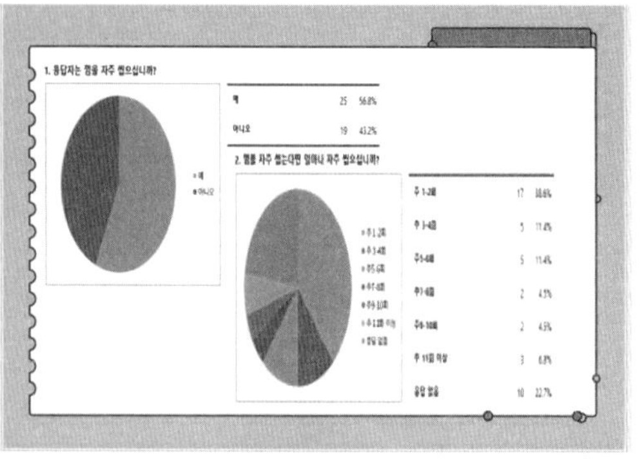
1. 응답자는 껌을 자주 씹으십니까?
예 25 56.8%
아니오 19 43.2%
2. 껌을 자주 씹는다면 얼마나 자주 씹으십니까?
주 1-2회 17 38.6%
주 3-4회 5 11.4%
주5-6회 5 11.4%
주7-8회 2 4.5%
주9-10회 2 4.5%
주 11회 이상 3 6.8%
응답 없음 10 22.7%

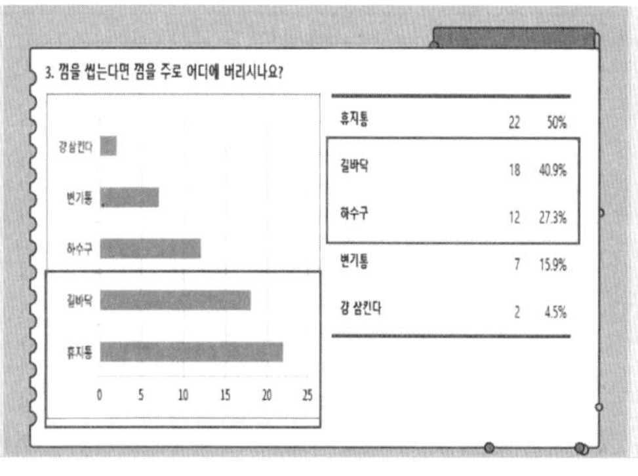
3. 껌을 씹는다면 껌을 주로 어디에 버리시나요?
강 삼킨다
변기통
하수구
길바닥
휴지통
0 5 10 15 20 25
휴지통 22 50%
길바닥 18 40.9%
하수구 12 27.3%
변기통 7 15.9%
강 삼킨다 2 4.5%

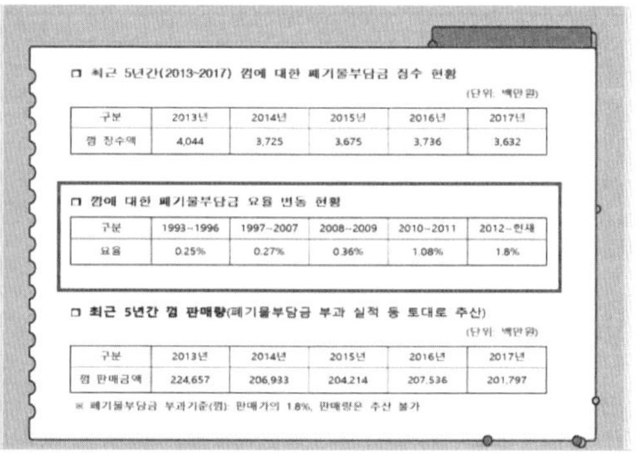
□ 최근 5년간(2013~2017) 껌에 대한 폐기물부담금 징수 현황
(단위: 백만원)
구분 | 2013년 | 2014년 | 2015년 | 2016년 | 2017년
껌 징수액 | 4,044 | 3,725 | 3,675 | 3,736 | 3,632
□ 껌에 대한 폐기물부담금 요율 변동 현황
구분 | 1993~1996 | 1997~2007 | 2008~2009 | 2010~2011 | 2012~현재
요율 | 0.25% | 0.27% | 0.36% | 1.08% | 1.8%
□ 최근 5년간 껌 판매량(폐기물부담금 부과 실적 등 토대로 추산)
(단위: 백만원)
구분 | 2013년 | 2014년 | 2015년 | 2016년 | 2017년
껌 판매금액 | 224,657 | 206,933 | 204,214 | 207,536 | 201,797
※ 폐기물부담금 부과기준(껌): 판매가의 1.8%, 판매량은 추산 불가

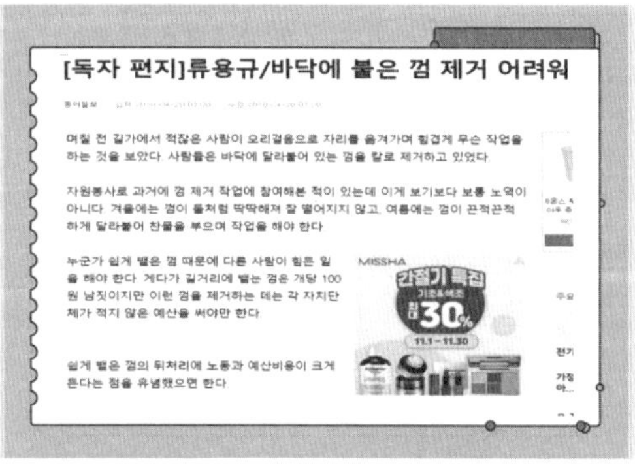
[독자 편지]류용규/바닥에 붙은 껌 제거 어려워
동아일보
며칠 전 길가에서 적잖은 사람이 오리걸음으로 자리를 옮겨가며 힘겹게 무슨 작업을 하는 것을 보았다. 사람들은 바닥에 달라붙어 있는 껌을 칼로 제거하고 있었다.
자원봉사로 과거에 껌 제거 작업에 참여해본 적이 있는데 이게 보기보다 보통 노역이 아니다. 겨울에는 껌이 돌처럼 딱딱해져 잘 떨어지지 않고, 여름에는 껌이 끈적끈적하게 달라붙어 찬물을 부으며 작업을 해야 한다.
누군가 쉽게 뱉은 껌 때문에 다른 사람이 힘든 일을 해야 한다. 게다가 길거리에 뱉는 껌은 개당 100원 남짓이지만 이런 껌을 제거하는 데는 각 자치단체가 적지 않은 예산을 써야만 한다.
쉽게 뱉은 껌의 뒤처리에 노동과 예산비용이 크게 든다는 점을 유념했으면 한다.
MISSHA
간절기 특집
30%
11.1~11.30

공원 바닥에 껌 뱉지 마세요
금오산 도립공원 관리사무소 환경정비
트위터
페이스북
밴드
카카오스토리
블로그
금오산 도립공원관리사무소가 18일 관리소 직원, 환경미화원, 사회복무요원 등 15명이 참여한 가운데 금오산 분수광장에서 바닥에 붙은 껌을 제거 하고 비둘기 배설물을 수거하는 등 환경정비를 실시했다.

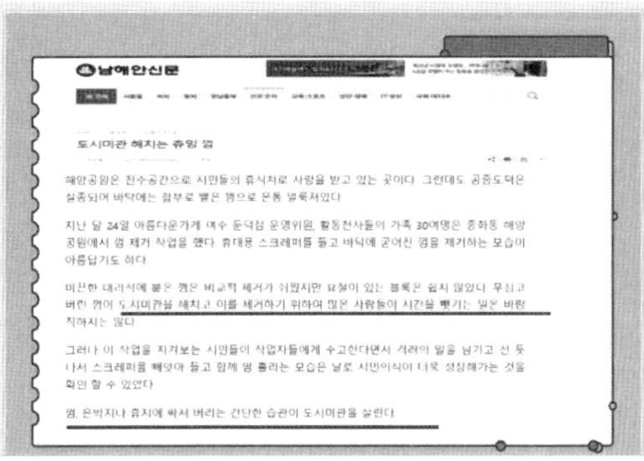
남해안신문
도시미관 해치는 추잉 껌
해양공원은 친수공간으로 시민들의 휴식처로 사랑을 받고 있는 곳이다. 그런데도 공중도덕은 실종되어 바닥에는 함부로 뱉은 껌으로 온통 얼룩져있다.
지난 달 24일 아름다운가게 여수 돌산점 운영위원, 활동천사들의 가족 30여명은 중앙동 해양공원에서 껌 제거 작업을 했다. 휴대용 스크레퍼를 들고 바닥에 굳어진 껌을 제거하는 모습이 아름답기도 하다.
미끈한 대리석에 붙은 껌은 비교적 제거가 쉬웠지만 요철이 있는 블록은 쉽지 않았다. 무심코 버린 껌이 도시미관을 해치고 이를 제거하기 위하여 많은 사람들이 시간을 뺏기는 일은 바람직하지는 않다.
그러나 이 작업을 지켜보는 시민들이 작업자들에게 수고한다면서 격려의 말을 남기고 선 뜻 나서 스크레퍼를 빼앗아 들고 함께 껌 뜯는 모습은 날로 시민의식이 더욱 성장해가는 것을 확인 할 수 있었다.
껌, 은박지나 휴지에 싸서 버리는 간단한 습관이 도시미관을 살린다.

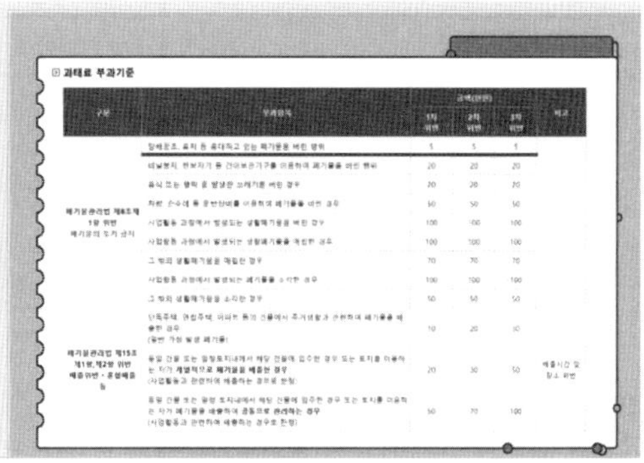
과태료 부과기준

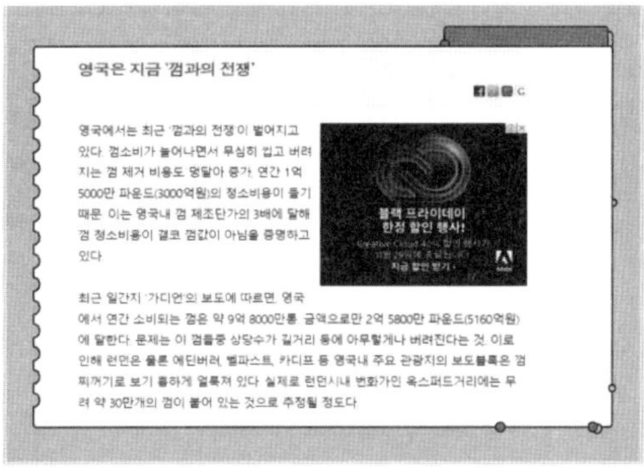
영국은 지금 '껌과의 전쟁'
영국에서는 최근 '껌과의 전쟁'이 벌어지고 있다. 껌소비가 늘어나면서 무심히 씹고 버려지는 껌 제거 비용도 덩달아 증가. 연간 1억 5000만 파운드(3000억원)의 청소비용이 들기 때문. 이는 영국내 껌 제조단가의 3배에 달해 껌 청소비용이 결코 껌값이 아님을 증명하고 있다.
블랙 프라이데이
한정 할인 행사!
지금 할인 받기 ›
최근 일간지 '가디언'의 보도에 따르면, 영국에서 연간 소비되는 껌은 약 9억 8000만통. 금액으로만 2억 5800만 파운드(5160억원)에 달한다. 문제는 이 껌들중 상당수가 길거리 등에 아무렇게나 버려진다는 것. 이로 인해 런던은 물론 에딘버러, 벨파스트, 카디프 등 영국내 주요 관광지의 보도블록은 껌 찌꺼기로 보기 흉하게 얼룩져 있다. 실제로 런던시내 번화가인 옥스퍼드거리에는 무려 약 30만개의 껌이 붙어 있는 것으로 추정될 정도다.

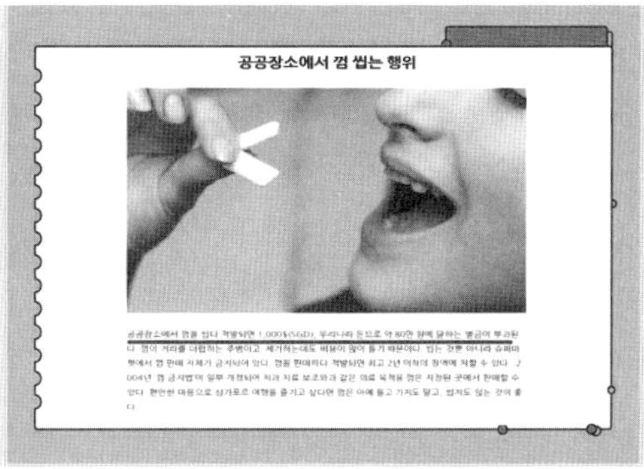
공공장소에서 껌 씹는 행위

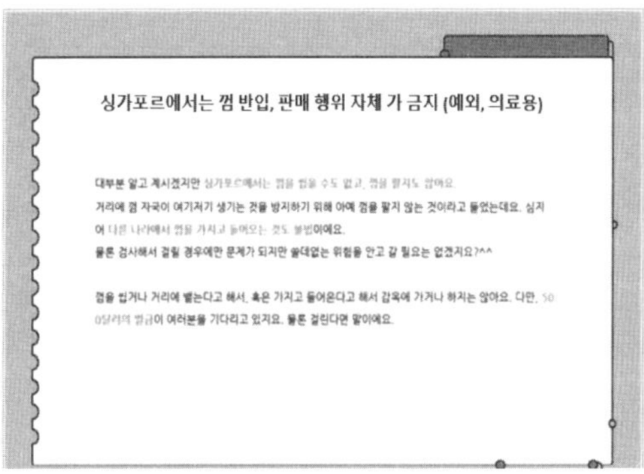
싱가포르에서는 껌 반입, 판매 행위 자체 가 금지 (예외, 의료용)
대부분 알고 계시겠지만 싱가포르에서는 껌을 씹을 수도 없고, 껌을 팔지도 않아요.
거리에 껌 자국이 여기저기 생기는 것을 방지하기 위해 아예 껌을 팔지 않는 것이라고 들었는데요. 심지어 다른 나라에서 껌을 가지고 들어오는 것도 불법이에요.
물론 검사해서 걸릴 경우에만 문제가 되지만 쓸데없는 위험을 안고 갈 필요는 없겠지요?^^
껌을 씹거나 거리에 뱉는다고 해서, 혹은 가지고 들어온다고 해서 감옥에 가거나 하지는 않아요. 다만, 500달러의 벌금이 여러분을 기다리고 있지요. 물론 걸린다면 말이에요.

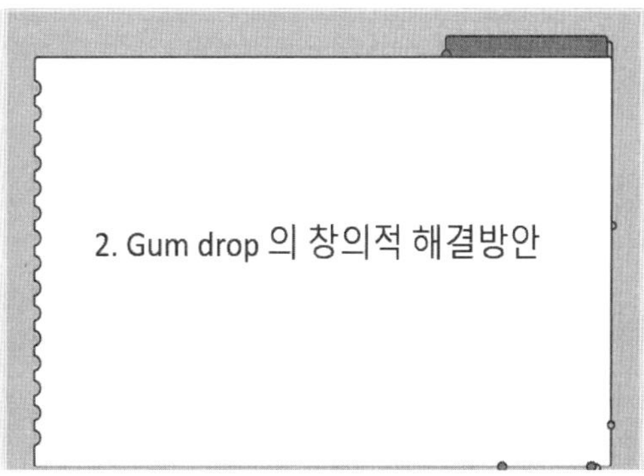
2. Gum drop 의 창의적 해결방안

Gum Tec
GUM-TEC
Gumdrop(2009~): 영국 디자이너 애나 불러스에 의해 설립

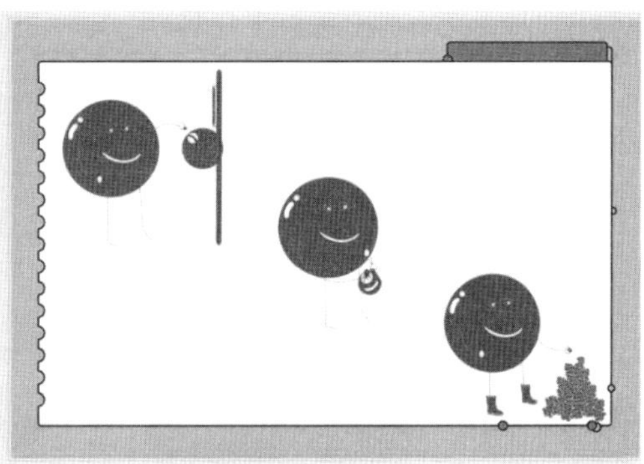

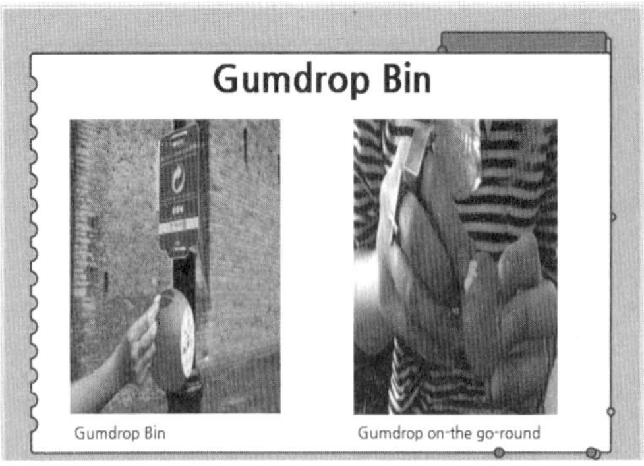
Gumdrop Bin
Gumdrop Bin
Gumdrop on-the go-round

Recycling Process

1KG

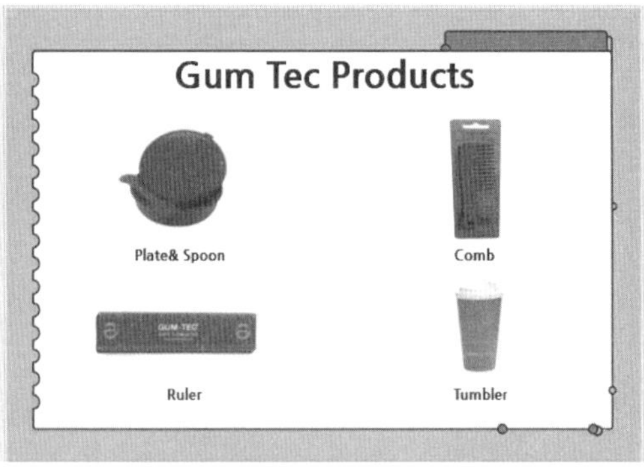
Gum Tec Products
Plate& Spoon
Comb
Ruler
Tumbler

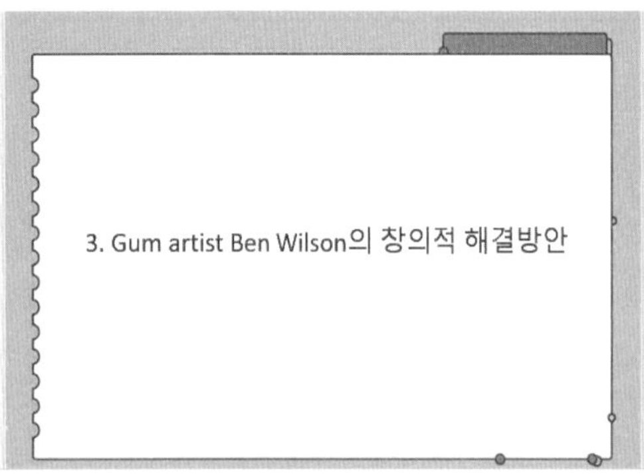
3. Gum artist Ben Wilson의 창의적 해결방안

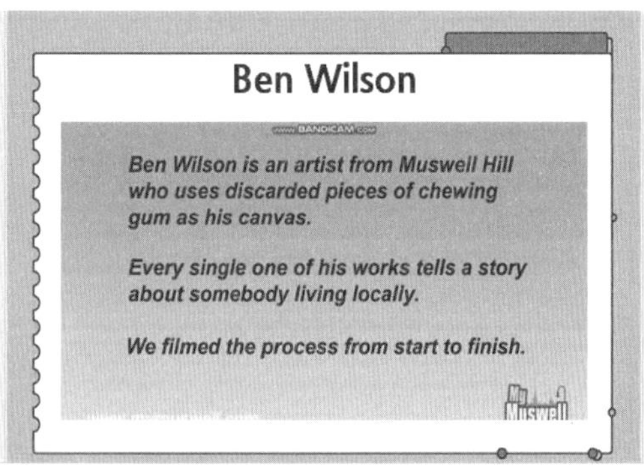
Ben Wilson
Ben Wilson is an artist from Muswell Hill who uses discarded pieces of chewing gum as his canvas.
Every single one of his works tells a story about somebody living locally.
We filmed the process from start to finish.

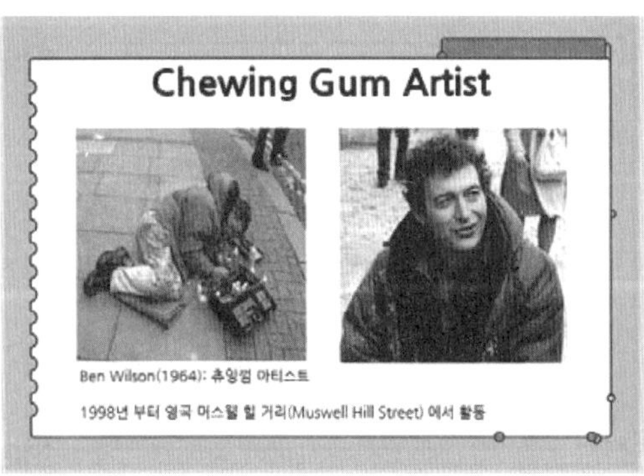
Chewing Gum Artist
Ben Wilson(1964): 추잉껌 아티스트
1998년 부터 영국 머스웰 힐 거리(Muswell Hill Street) 에서 활동

[벤 윌슨의 추잉 껌 작품을 많이 볼 수 있는 곳]
머스웰 힐(Muswell Hill)
위치: Muswell Hill Broadway, Queens Avenue 일대
교통: Highgate 지하철역 앞 버스 정류장 G에서 버스 43 또는 134 타고 6정류장
밀레니엄 브리지(Millenium Bridge) 위
위치: Thames Embankment, London
교통: St. Paul 역 / Blackfriars 역

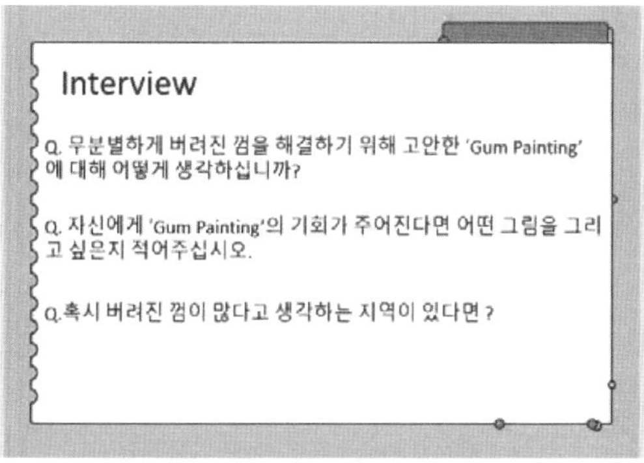
Interview
Q. 무분별하게 버려진 껌을 해결하기 위해 고안한 'Gum Painting'에 대해 어떻게 생각하십니까?
Q. 자신에게 'Gum Painting'의 기회가 주어진다면 어떤 그림을 그리고 싶은지 적어주십시오.
Q.혹시 버려진 껌이 많다고 생각하는 지역이 있다면?

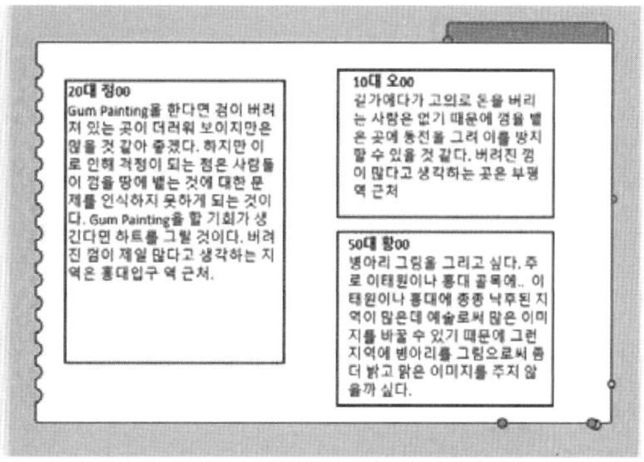
20대 정00
Gum Painting을 한다면 껌이 버려져 있는 곳이 더러워 보이지만은 않을 것 같아 좋겠다. 하지만 이로 인해 걱정이 되는 점은 사람들이 껌을 땅에 뱉는 것에 대한 문제를 인식하지 못하게 되는 것이다. Gum Painting을 할 기회가 생긴다면 하트를 그릴 것이다. 버려진 껌이 제일 많다고 생각하는 지역은 홍대입구 역 근처.
10대 오00
길가에다가 고의로 돈을 버리는 사람은 없기 때문에 껌을 뱉은 곳에 동전을 그려 이를 방지할 수 있을 것 같다. 버려진 껌이 많다고 생각하는 곳은 부평역 근처
50대 황00
병아리 그림을 그리고 싶다. 주로 이태원이나 홍대 골목에.. 이태원이나 홍대에 종종 낙후된 지역이 많은데 예술로써 많은 이미지를 바꿀 수 있기 때문에 그런 지역에 병아리를 그림으로써 좀 더 밝고 맑은 이미지를 주지 않을까 싶다.

Gum painting campaign

"ART"

껌테크 기술로 필라멘트를 생성
<우드 필라멘트>
나무+합성수지
<껌 자체 필라멘트>

4.우리가 생각한 창의적인 해결방안

껌 은종이 디자인 도안

길바닥 또는 하수구에 껌을 버리는 사람들의 경각심을 높이기 위한 디자인

껌통 내장(부착) 은종이
- 껌 종이 분실

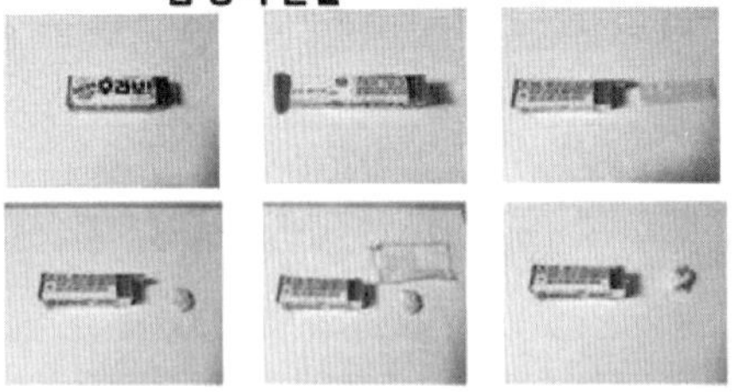

껌 종이 확대
-껌 종이의 크기

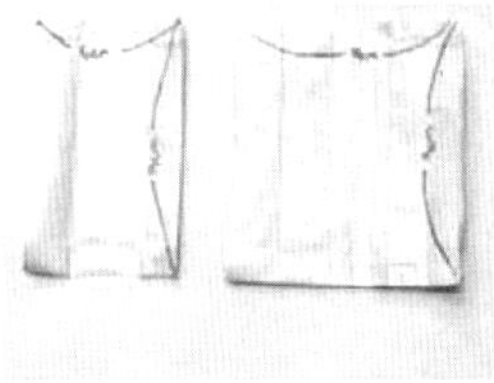

기존 껌종이의 크기가 작기때문에 껌을 싸서 버리지 않는 경우가 있음

가로폭은 세로 길이를 3cm 늘림

껌종이가 작아서 싸서 버리지 않는 문제 해결

우리가 쉽게 따라해볼 수 있는 것

- 자신이 좋아하는 귀여운 캐릭터를 그려서 소장가치를 올릴 수 있음
- 물감만 있으면 되기 때문에 재료비가 크게 들지 않음
- 캐릭터뿐만아니라 그리고 싶은 것을 그릴 수 있기때문에 쉽게 따라 할 수 있음

소감

고나연: 깊게 생각해보지 않은 환경문제에 대해 생각해 보는 시간이 의미있었고 수업시간에 배운 역발상이 실제로 엄청난 문제를 해결하는 창의적인 방법이라는 것을 알게 되었다.

송정원: 껌에 대해 각자의견을 내는 순간 얼마나 각자 다양한 생각을 해왔는지 알 수 있었고 이러한 껌의 문제 해결 아이디어를 내는 순간 참신하고 기막힌 아이디들이 나왔을 때 문제해결에 왜 다양한 사람들의 의견이 필요한 건지 깨달을 수 있었다.

오경은:조원들끼리 현실적이지 않은 얘기를 나누어도 서로 현실적으로 해결하려고 격려하는 과정이 좋았다 단순히 정크 아트가 아닌 껌 아트라는 예술의 새로운 장르를 알게 되어 새로웠고 기회가 있다면 참여하고싶다.

소감

윤보영: 길바닥에 붙어 있는 껌이 쓸모 없는 존재라고 생각했는데, 재활용할 수 없을 것 같은 껌이 신발도 되고 예술 작품도 되는 게 너무 신기했고 사소한 아이디어가 모여 그럴싸한 결과물이 나오는 것을 보니 새삼 조별활동이 왜 중요한지 알 수 있었다.

정진:평소 껌을 잘 씹지는 않지만 길을 지나다니다 보면 가끔 길바닥 위의 껌을 밟을 때가 있었다. 예전에는 무심코 넘겼던 문제를 조별활동을 통해서 다시 한번 생각해보게 되면서 새로운 사실들을 알아가는 과정이 좋았다.

출처

마지막으로 이 팀에서는 자신들이 생각한 창의적 문제해결 아이디어를 제시하였다. 첫 번째로 껌 은종이 디자인을 고안하고 그것을 직접 그려서 제시함으로써 시각적으로 쉽게 보여주었다. 또한 껌 종이가 작았던 것에 대한 해결방안으로 기존의 종이는 몇 cm였는데, 가로 세로를 몇 cm로 늘리면 더 눈에 띈다는 것을 보여주었다. 기존에 있는 방법에서 더 나아가는 방법을 고안함으로써 더 개선될 수 있는 지점을 직접적으로 보여주었다는 점에서 베스트 사례로 선정되었다.

라. 베스트 사례 선정 이유 4 : ppt 디자인과 제목 선정

PBL을 할 때 ppt 디자인이나 폰트 등을 너무 신경쓰는 것은 오히려 시간적으로 낭비가 될 수 있기 때문에 ppt 디자인에 과도하게 집중할 필요는 없지만 시각적으로 자신들의 주제를 잘 드러나게 하고, 그리고 이에 걸맞는 주제를 선정하는 것은 컨셉을 잡고, 추상화하는 창의적 기술의 핵심적인 요소라 볼 수 있다. 그러한 측면에서 이 과제는 발표시 주목을 끌게 하고 흥미롭게 하여 좋은 과제로 평가될 수 있다. 맨 앞장에서 “ppt 발표를 시작하겠습니다”라고 하면 아이가 풍선껌을 조금씩 부는 것이 애니메이션으로 구성되어 이 과제가 껌에 대한 것임을 한눈에 보게 해주었다. 그다음으로는 버려지는 껌의 재발견이라는 제목을 통해 역발상을 강조하고 있는데, 이 제목을 통해 우리 주변에 버려지는 것들은 무엇이 있으며 이것들의 재발견은 어떠한 것들이 있을까를 생각하게 하여 이 또한 창의적 사고를 자극하고 흥미를 갖게 하는 좋은 제목이었다 생각된다.

4 과학 이슈 학생 베스트 사례

가. 수업에서 진행된 PBL 과정

(1) 주제별 조 선정

2019년 2학기에는 미래를 바꾸는 과학기술에서 네 가지 주제를 선정하였다. 모든 학생이 자신들이 원하는 주제를 고를 수 있는 것은 아니었지만 적어도 관심이 이전부터 있었다거나 새로 다루어보고 싶어 하는 주제를 중심으로 조를 선정하도록 자율성을 부여하였다.

(2) PBL 계획서 작성

각각의 주제(유전공학, ICT, 인공지능, 우주 시대)에 2조씩 팀 프로젝트를 배정하였기 때문에 주제가 겹칠 것을 우려하여 미리 지정된 양식의 계획서를 작성하도록 하였다. 4개의 범주를 학생들이 선택했어도 같은 날 발표하는 조와 주제가 겹칠 경우를 대비하여 계획서에 대한 교수자의 피드백을 목적으로 계획서를 작성하도록 하였다. 학생들은 본인들이 기초적인 자료수집과 토론을 통해 선정한 세부 주제를 더욱 구체화하는 작업을 통해 10~15분으로 한정된 발표에 맞는 주제를 선정하였다.

(3) 구체적인 발표 계획 수립

계획서를 작성하고 구체적인 발표 주제를 선정한 각 조는 앞서 창의성 관련 강의에서 교수자가 강조했던 대로 선정한 주제의 방향에 맞는 깊이 있는 자료조사를 시작하였다. 너무 전문적인 서적 혹은 논문 이외의 신문기사, 영상, 최신 경향의 도서 등을 참조하여 자신들의 주제를 어떤 구조로 만들 수 있을지 논의할 시간을 2주 정도 수업시간 중에 할애하였다. 각각 조마다 진도와 발표날짜에 맞추어 창의적인 사고기법이나 창의적 토론을 통해 발표 개요를 착실히 만들어갔다.

(4) 발표 및 피드백

발표 영상은 기록을 위해 촬영했고 미리 발표 결과물을 받아 내용이 상충되거나 지루하지 않도록 배치하였다. 각 조가 발표하는 동안 발표 조가 아닌 학생들은 발표내용에서 좋았던 점과 자신이 발표 조의 조원이라면 어떤 점을 수정해보고 싶은지를 쓰도록 했다. 서로 간의 피드백을 통해 그저 발표만 하고 모든 의무를 다한 것처럼 관심도가 떨어지는 상황을 방지하였고 교수자의 피드백도 덧붙이어 처음부터 강조하였던 창의성에 관련된 부분을 강조하였다.

나. 과학이슈 베스트 사례 1 : 상파고 – 인공지능개발에 따른 직업의 변화

(1) 베스트 선정 사례 이유 1 : 주제 선정의 정교함

<상파고> 조는 처음에 주제를 선정하는 과정에서 제목에서 보이듯이 인공지능 시대의 도래와 직업 동향에 관심이 있었다. 인공지능이 앞으로 감정이나 정신적인 영역을 제외하면

단순노동에서부터 웬만한 직업들을 대체할 것이라는 막연한 불안감을 주고 있는 것이 사실이었다. 여러 대중 매체에서 인간만이 할 수 있다고 생각하는 여러 가지 일들을 적어도 기능적인 측면에서 대체하게 되면서 인공지능이 인류를 대체할지도 모른다는 생각은 흔히 하는 것이었다. 그래서 처음 토론을 시작할 때는 여러 가지 직업군들이 줄어드는 상황을 모아 발표하겠다는 계획을 세우고 있었다.

이에 좀 더 구체적인 사례에서 시작해보라는 제안을 교수자가 하였고 이에 학생들이 의사, 판사를 포함한 법조인 그리고 다른 직업군의 사례에 관련한 자료를 수집하였다. 수집된 자료를 근거로 토론을 통해 판사나 의사로 범주를 좁히게 되었고 최종적으로 판사를 다루어보기로 하였다. 좋은 프로젝트 발표를 위해서는 주제 선정이 상당히 중요한 부분이라고 생각한다. 너무 좁게 잡으면 자료가 너무 없고 너무 넓은 주제를 잡으면 피상적인 발표가 될 가능성이 크기 때문이다. 구체적인 사례를 바탕으로 주제를 정교하게 설계하는 것은 PBL에서 중요한 요소 중 하나이다.

(2) 베스트 선정 사례 이유 2 : 창의적 문제해결을 위한 과정에 충실

처음부터 PBL의 목적을 독창적인 문제 선정과 원인발견 그리고 그에 대한 분석과 해결이라는 단계를 통해 창의적인 사고를 끌어내는 데에 두었다. 준비 과정 내내 유연한 사고와 조원들과의 협력을 통해 최대한 많은 아이디어를 낸 후 그것을 정리하는 과정을 지켜보았다. 토론 과정에서 아이디어의 유창성을 보여주었고 그것을 수렴하는 과정에서 조원 간의 상호작용과 협력도 잘 이루어졌다고 판단하였다. 또한, 기존의 정보를 수집하여 분석하고 그 분석을 토대로 원인에 대해 파악하는 과정도 충실히 이루어졌다.

(3) 베스트 선정 사례 이유 3 : 원인 분석과 해결방식 조합의 참신함

파워포인트에서 모두 드러나고 있지 않지만, 최종 발표에서 〈상파고〉 조가 제시한 문제의 원인과 이를 해결할 수 있는 결론이 잘 연결되었다. 인공지능 판사가 도입되었을 때 어떤 문제점을 가졌는지를 먼저 파악한 후 현재 가장 인공지능 판사에 대해 우려하는 부분인 자료의 객관성 문제와 수용자 관점에서 갖게 되는 불안감 해소를 위해 하급심에서 AI의 도움을 받거나 정보 분석에서의 제한적인 역할을 하는 해결책을 제시하였다. 이는 막연히 인공지능이 어떤 직업을 대체할 가능성에 대해 공포감을 조장하기보다 현재 우리가 어떤 대처를 할 수 있는지 진지하게 고민한 결과를 구체적으로 제시한 점을 높이 샀다.

다. 상파고 발표 결과물

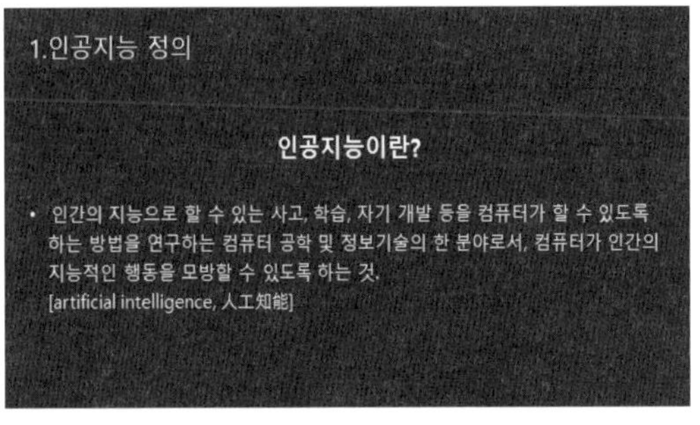

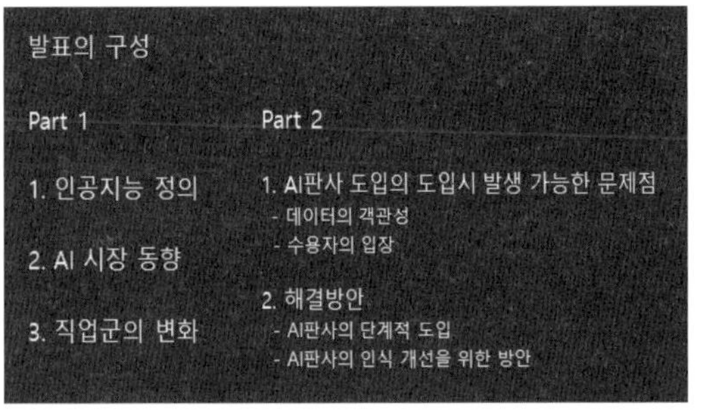

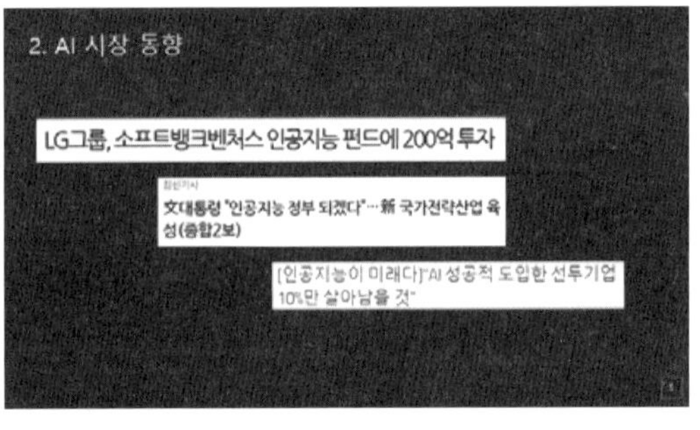

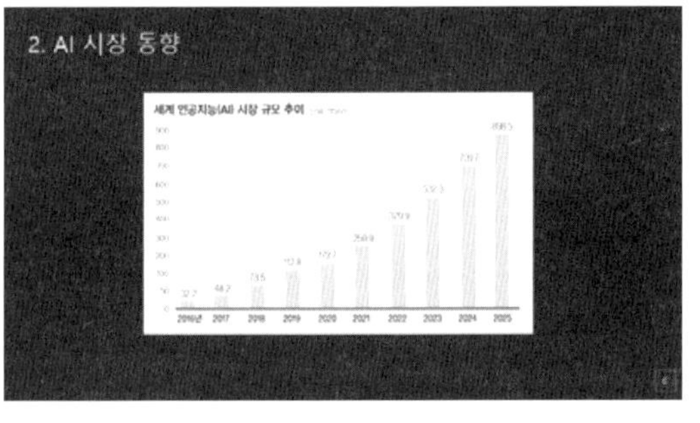

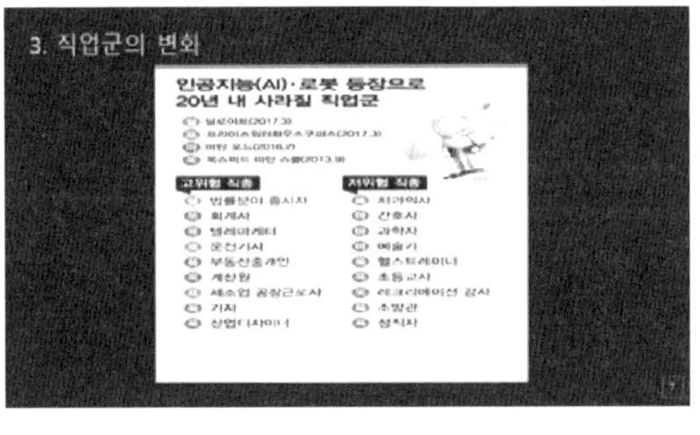

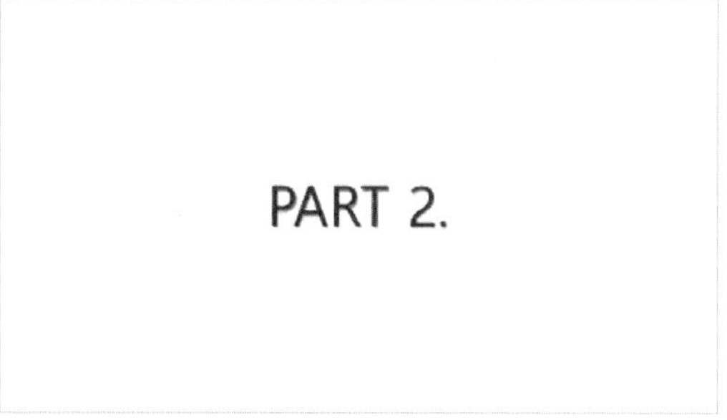
PART 2.

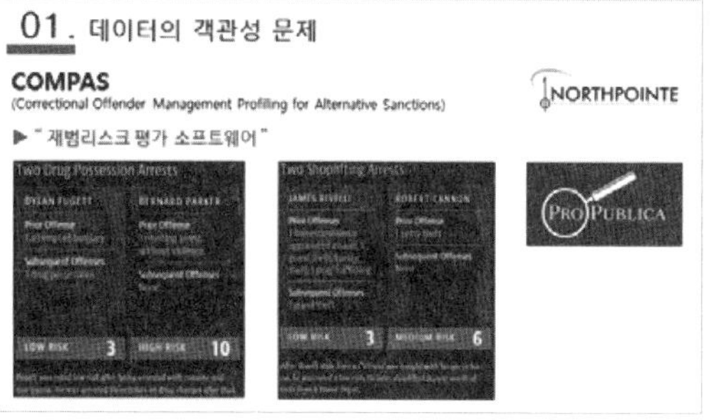
01. 데이터의 객관성 문제
COMPAS
(Correctional Offender Management Profiling for Alternative Sanctions)
NORTHPOINTE
▶ " 재범리스크 평가 소프트웨어 "
Two Drug Possession Arrests
Two Shoplifting Arrests
LOW RISK 3
HIGH RISK 10
LOW RISK 3
MEDIUM RISK 6
PROPUBLICA

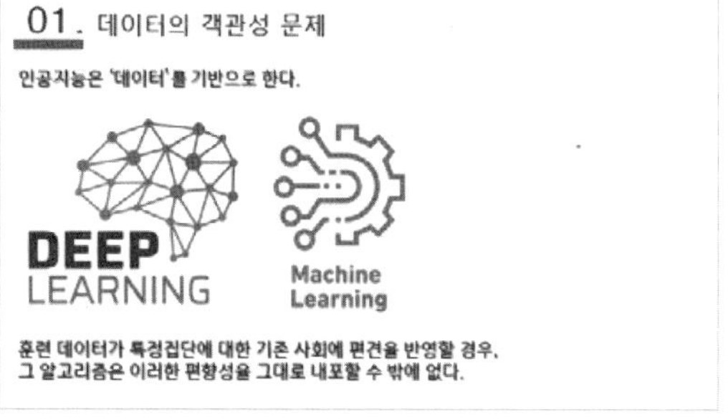
01. 데이터의 객관성 문제
인공지능은 '데이터'를 기반으로 한다.
DEEP LEARNING
Machine Learning
훈련 데이터가 특정집단에 대한 기존 사회에 편견을 반영할 경우,
그 알고리즘은 이러한 편향성을 그대로 내포할 수 밖에 없다.

02. 수용자의 입장
○ 'AI 판사'는 '로보 어드바이저'와 다르다.
로보 어드바이저
Robo-Advisor
판사 AI의 신뢰성 검증을 위해서는 알고리즘이 투명하게 공개되어야 함.
알고리즘 자체가 개발자의 영업비밀이자 자산의 성격을 지니고 있어
검증 자체가 불가능할 수 있음.

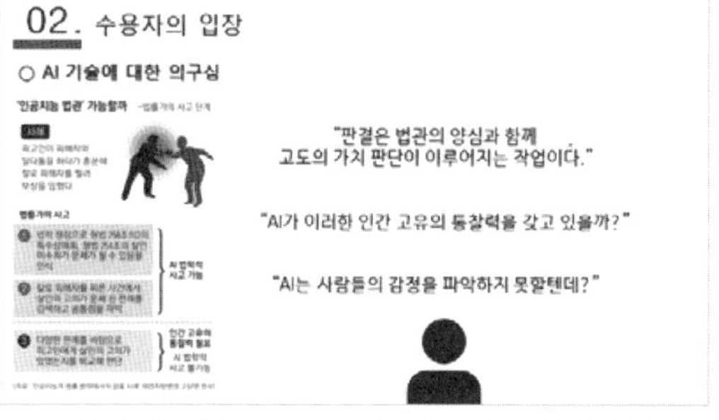
02. 수용자의 입장
○ AI 기술에 대한 의구심
"판결은 법관의 양심과 함께
고도의 가치 판단이 이루어지는 작업이다."
"AI가 이러한 인간 고유의 통찰력을 갖고 있을까?"
"AI는 사람들의 감정을 파악하지 못할텐데?"

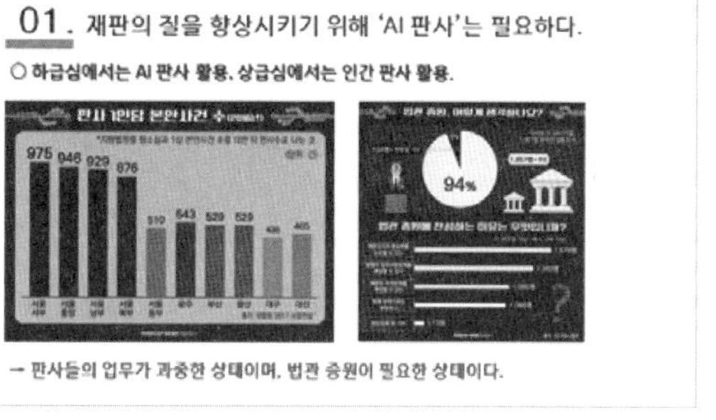
01. 재판의 질을 향상시키기 위해 'AI 판사'는 필요하다.
○ 하급심에서는 AI 판사 활용, 상급심에서는 인간 판사 활용.
975
946
929
876
510
543
529
529
94%
→ 판사들의 업무가 과중한 상태이며, 법관 증원이 필요한 상태이다.

01. 재판의 질을 향상시키기 위해 'AI 판사'는 필요하다.
○ AI가 법률검색, 판례검색 작업을 도움으로써 판사의 업무량을 줄인다. (법률 비서의 역할)
THOMSON REUTERS WESTLAW
LexisNexis
Lex Machina

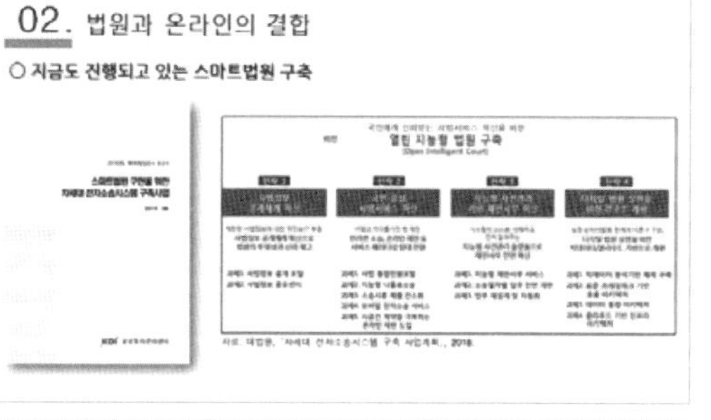
02. 법원과 온라인의 결합
○ 지금도 진행되고 있는 스마트법원 구축
열린 지능형 법원 구축

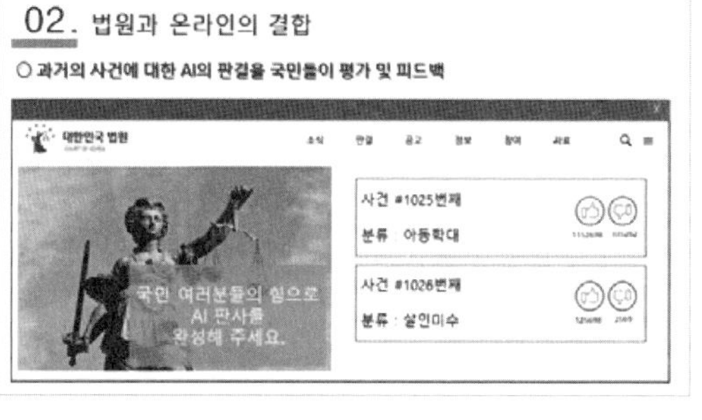
02. 법원과 온라인의 결합
○ 과거의 사건에 대한 AI의 판결을 국민들이 평가 및 피드백
대한민국 법원
사건 #1025번째
분류 아동학대
사건 #1026번째
분류 살인미수
국민 여러분들의 힘으로
AI 판사를
완성해 주세요.

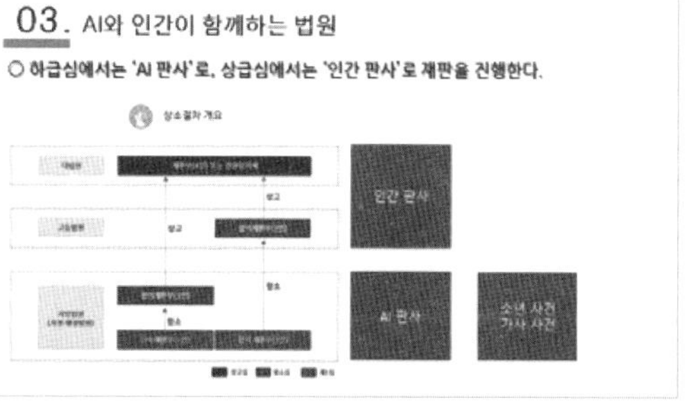
03. AI와 인간이 함께하는 법원
○ 하급심에서는 'AI 판사'로, 상급심에서는 '인간 판사'로 재판을 진행한다.
인간 판사
AI 판사
소년 사건
가사 사건

라. 과학이슈 베스트 기타 사례 2

다음은 유전공학 분야를 포함하여 미래 사회의 과학기술에 관련해 거꾸로 학습(Flipped Learning)과 프로젝트 학습(Project Based Learning)을 통해 드러난 학생들의 창의적인 생각의 예시를 정리해보았다.

(1) 학생 사례 1

태양전지가 상용화되었다고 가정하고 브레인스토밍 기법을 이용하여 어떤 상품을 개발할 수 있을지를 제시하였다. 태양전지에 대한 학생들의 관심은 생각보다 높아서 기초적이지만 현재에도 약간의 기술 발달을 통해 사용 가능한 아이디어를 더욱 정교하게 제시하는 예시 - 태양전지로 충전되는 휴대전화, 보조배터리, 블루투스 이어폰, 농기구 등이나 교통수단 - 에서부터 태양전지 마일리지카드, 재활용 시스템 전지 등에 이르는 예시들이 그룹활동을 통해 나왔다. 확산적 사고 기법을 통해 학생들에게 다소 어려운 주제에 대한 상상력을 증진하고 그것을 어떻게 하면 상용화시킬 수 있을지 이후 수렴적 사고기법을 통해 사고를 다듬는 연습이 효과적이었다.(2018년 2학기 수업)

(2) 학생 사례 2

유전공학이나 인공지능이 고도로 발달한 상황에서 인간을 가장 인간답게 만드는 것이 무엇인가라는 주제를 제시하였다. 흔히 맞춤형 아기가 가능해진다거나 강한 인공지능의 개발을 전제로 공포를 조장하는 경우가 많지만, 사실 이미 그런 상황에 벌어지기 전에도 인간관계에 상당히 많은 변화가 일어나리라는 것을 전제로 최근 영화나 드라마들이 제작되고 있다. 이 중 한 편을 보여준 뒤 인간이 인간의 존엄성을 유지할 수 있는 마지노선은 어디까지인가를 학생들과 함께 생각해보았다. 학생들은 생명, 감정, 자아, 주관, 자발적 학습능력, 욕구, 사랑, 눈치 등을 제시하였으며 실수나 죽음, 완벽하지 않음을 이야기하는 학생들도 있었다. 즉, 점차 효율성과 완벽을 추구하며 과학 발전의 경이로움을 기대하는 쪽도 있지만 다른 한편으로 그로 인해 인간의 존엄성이 훼손당하지 않을까 하는 우려의 목소리가 공존하였다.

그래서 인간의 생존과 밀접한 연관이 있는 두 가지 미래에서 대체로 학생들은 이 두 가지 기술이 너무 고도로 발달하여 인류가 통제할 수 없는 상태가 되기 전에 그에 관련된 대책을 마련해야 한다고 생각하였다. 그래서 유전공학이 상용화된 상태에서 어떤 연구자 윤리를 정립하였는지 혹은 국가 차원에서 어떤 법령을 제정하였는지 자신들만의 생각을 제시하였다. 우선 미용이나 선호 경향을 목적으로 인간 배아를 복제하는 것은 엄격히 금지해야 한다는 의견이 대부분이었고, 치료 목적이나 부득이한 유전병을 위한 복제까지는 허용해야 한다는 의견도 있었다. 그리고 이런 연구 자체를 철저하게 통제할 수 있는 시스템을 만들어야 한다는 의견도 제시되었다. 예를 들어, 연구 전에 연구목적, 방식, 실험대상 등을 명시한 사전 계획서를 제출하고 연구 중 발생한 부작용이나 돌연변이 등의 사고를 즉시 보고하는 등 사전 통제 계획을 수립한 학생들도 있었다. 또한, 이런 법령을 어겼을 경우 어떻게 처벌할지에 대해 상당히 엄격한 잣대를 적용하였다. (2018년, 2019년 2학기 수업)

상상력 이노베이터

창의·융합 역량으로 우리 사회의 이슈들을 논하다

초판 1쇄 인쇄 2021년 2월 22일
초판 1쇄 발행 2021년 2월 22일

저 자 상상력 이노베이터 교재편찬위원회
발 행 인 이 창 원
발행한곳 한성대학교 출판미디어센터

주 소 서울특별시 성북구 삼선교로16길 116
대표전화 (02) 760 – 4174
팩시밀리 (02) 760 – 5969

편집제작 대자커뮤니케이션
(02) 2269–6724

ISBN 978-89-6820-048-9 03000

정 가 15,000원

본 도서는 한성대학교 교내 학술연구비 지원에 의해 발행되었습니다.